Volume 8

BIBLIOTECA DO GESTOR

Marketing

e

Gestão da Relação com o Cliente (CRM)

TÍTULO ORIGINAL
Marketing e Gestão da Relação com o Cliente (CRM) – Volume VIII

© Manuel Alberto Ramos Maçães e Conjuntura Actual Editora, 2017

Todos os direitos reservados

AUTOR
Manuel Alberto Ramos Maçães

CONJUNTURA ACTUAL EDITORA
Sede: Rua Fernandes Tomás, 76-80, 3000-167 Coimbra
Delegação: Avenida Engenheiro Arantes e Oliveira, n.º 11 – 3.º C
1900-221 Lisboa – Portugal
www.actualeditora.pt

DESIGN DE CAPA
FBA.

PAGINAÇÃO
Edições Almedina

IMPRESSÃO E ACABAMENTO
PAPELMUNDE

Setembro, 2017

DEPÓSITO LEGAL
431655/17

Toda a reprodução desta obra, por fotocópia ou outro qualquer processo, sem prévia autorização escrita do Editor, é ilícita e passível de procedimento judicial contra o infrator.

 | GRUPOALMEDINA

BIBLIOTECA NACIONAL DE PORTUGAL – CATALOGAÇÃO NA PUBLICAÇÃO

MAÇÃES, Manuel, 1946-

Marketing e gestão da relação com
o cliente. - (Biblioteca do gestor ; 8)
ISBN 978-989-694-231-1

CDU   658

Volume 8

BIBLIOTECA DO GESTOR

Marketing

e

Gestão da Relação com o Cliente (CRM)

Índice

Lista de Figuras 7

Prefácio 9

Capítulo 1 – Princípios de Marketing 13

    Conceito de Marketing. 16
    O Processo de Marketing. 19
    Evolução do Conceito de Marketing 20
    Ambiente de Marketing 23
    Microambiente de Marketing. 24
    Fornecedores. 25
    Clientes 25
    Intermediários de Marketing 26
    Concorrentes. 27
    Macroambiente de Marketing. 28
    Ambiente político-legal. 28
    Ambiente económico. 29
    Ambiente tecnológico 30
    Ambiente sociocultural. 31
    Ambiente competitivo 31
    Funções de Marketing 32
    Sistemas de Informação e Pesquisa de Marketing. 33
    Gestão de Sistemas de Informação de Marketing. 33
    Pesquisa de Marketing 35

Processo de Pesquisa de Marketing 36
Comportamento do Consumidor 41
Segmentação, *Targeting* e Posicionamento (STP) 47
Segmentação do Mercado. 48
Seleção do Mercado Alvo (Targeting) 50
Posicionamento 53
Novas Tendências do Marketing. 54
Marketing Relacional. 55
Business Intelligence 57
Marketing Digital 58
Marketing Direto 60
Marketing Social 63
Resumo do Capítulo 65
Questões 66

Capítulo 2 – Estratégias de Marketing Mix 69

Marketing Mix 72
Produto 74
Preço 78
Distribuição 82
Promoção e Comunicação 86
Extensão dos 4 P's para 7 P's e dos 4 P's aos 4 C's 92
Resumo do Capítulo 95
Questões. 96

Capítulo 3 – Gestão da Relação com o Cliente (CRM) . . 97

Conceito de Gestão da Relação com o Cliente (CRM) . . . 100
Marketing Relacional e o Conceito de Valor do Cliente . . . 101
O CRM como Filosofia de Gestão 102
Evolução e Perspetivas de Crescimento do CRM 107
Resumo do Capítulo 111
Questões. 112
Referências 113

Lista de Figuras

Figura 1.1 Conceito de Marketing 18

Figura 1.2 Objetivos do Marketing 18

Figura 1.3 O Marketing como um Processo 20

Figura 1.4 Evolução do Conceito de Marketing 22

Figura 1.5 Ambiente de Marketing 24

Figura 1.6 Principais Componentes de um Sistema
          Data Warehouse 34

Figura 1.7 Etapas do Processo de Pesquisa de Marketing 36

Figura 1.8 Design de Pesquisa 37

Figura 1.9 Fontes de Recolha de Dados 40

Figura 1.10 Processo de Decisão de Compra do Consumidor . . 43

Figura 1.11 Decisão de compra 44

Figura 1.12 Paradigma da Discrepância.   45

Figura 1.13 Critérios de Segmentação   49

Figura 1.14 Estratégias de Targeting.   52

Figura 1.15 Marketing Tradicional e Marketing Relacional. . . .   56

Figura 1.16 Tipos de E-Commerce   59

Figura 2.1 Marketing-Mix   73

Figura 2.2 Teorias de Fixação de Preços.   80

Figura 2.3 Estratégias de Fixação dos Preços.   81

Figura 2.4 Canais de Distribuição.   83

Figura 2.5 Estratégias Push e Pull   85

Figura 3.1 Gestão da Relação com o Cliente   103

Figura 3.2 Processo de Data Mining   105

Prefácio

A gestão é uma área do conhecimento das ciências sociais muito recente, na medida em que só a partir dos anos 80 ganhou a maioridade e o estatuto de autonomia relativamente à economia. Para compreendermos este fenómeno basta atentarmos no facto de que, até essa altura, apenas havia cursos de economia, contabilidade e finanças nas nossas universidades e institutos politécnicos, que continham nos seus planos de curso algumas disciplinas de áreas afins à gestão, mas não havia cursos específicos de gestão.

Nos finais do século XX e início do século XXI assistiu-se a um crescimento exponencial da gestão, seja pelo aumento das necessidades das empresas, motivado pela complexidade dos problemas que começaram a ter que enfrentar, em virtude designadamente do fenómeno da globalização e do aumento da concorrência internacional, seja pela forte atração dos candidatos pelos inúmeros programas de licenciatura e pós-graduação em gestão que proliferam pelas universidades e institutos politécnicos. Os números falam por si e os cursos de gestão são dos que motivam maior interesse dos jovens candidatos ao ensino superior e que continuam a oferecer maiores oportunidades de empregabilidade.

Presume-se, por vezes, que os bons gestores têm qualidades inatas e que apenas precisam de pôr em prática essas qualidades para serem bons gestores, relegando-se para segundo plano o estudo das teorias e técnicas de gestão. Nada de mais errado e perigoso. A gestão estuda-se e os bons gestores fazem-se aplicando na prática a teoria. Os princípios de gestão são universais, o que significa que se aplicam a todas as organizações, sejam grandes ou pequenas, públicas ou privadas, com fins lucrativos ou sem fins lucrativos. A boa gestão é necessária em todas as organizações e em todas as áreas de negócio ou níveis organizacionais.

Esta postura de se pensar que, para se ser bom gestor, basta ter bom senso e caraterísticas inatas de liderança é errada, tem um preço elevado e é responsável pelo fracasso e falência de inúmeras empresas e organizações. Ao contrário da opinião generalizada, que advoga a inutilidade dos conhecimentos teóricos, há estudos que comprovam a relação benéfica da teoria com a prática e que há inúmeros casos, em Portugal e no estrangeiro, de empresas bem geridas por executivos com forte formação teórica e académica.

Esta **miopia de gestão**, mesmo entre os gestores, justifica, por si só, a apresentação desta biblioteca do gestor.

O objetivo desta coleção é facultar a estudantes, empregados, patrões, gestores de todos os níveis e investidores, de uma forma acessível, as principais ideias e desenvolvimentos da teoria e prática da gestão. As mudanças rápidas que se verificam no ambiente dos negócios, a nível interno e internacional, pressionam as organizações e os gestores no sentido de procurarem novas formas de resposta aos novos desafios, com vista a melhorar o desempenho das suas organizações. Este livro, bem como os restantes da coleção, visa também estimular o gosto dos estudantes e gestores pelos assuntos da gestão, ao apresentar no final de cada capítulo questões específicas para discussão de cada tópico.

Ao elaborar esta coleção, tivemos a preocupação de ir ao encontro das necessidades que hoje se colocam aos gestores e de tornar o texto relevante e facilmente percetível por estudantes e gestores menos versados em temas de gestão. Além de sistematizar os desenvolvimentos da teoria da gestão, desde a sua origem até aos nossos dias e de estudar as funções do gestor, nesta coleção são apresentados e discutidos os principais métodos, técnicas e instrumentos de gestão nas áreas da produção, do marketing, da gestão financeira e da gestão dos recursos humanos, para além da preocupação de fazer a ligação da teoria com a prática. Daí a razão da escolha do título para a coleção...

Capítulo 1
Princípios de Marketing

Este capítulo tem como objetivo apresentar o marketing como uma disciplina de gestão e como uma prática empresarial. O marketing tem vindo a assumir um papel crescente na gestão empresarial porque, ao contrário do que acontecia até meados do século passado, em que a dificuldade era produzir e não vender, nos nossos dias a dificuldade é vender e conseguir e manter os bons clientes. Daí a importância do marketing como disciplina de gestão, que interessa a todos os gestores e não apenas ao gestor de marketing.

Na primeira parte deste capítulo, vamos apresentar a contextualização e a evolução do conceito de marketing. Em seguida, estudamos o comportamento do consumidor e destacamos a importância da segmentação, do *targeting* e do posicionamento do produto e da marca.

Finalmente discutem-se os sistemas de informação e pesquisa de marketing e são analisadas as novas tendências do marketing, como gestão da relação com o cliente, marketing relacional e marketing digital.

Depois de ler e refletir sobre o capítulo, o leitor deve ser capaz de:

- Explicar o conceito de marketing.
- Descrever a evolução do conceito de marketing.
- Compreender a gestão de *marketing* como um conjunto de atividades interligadas.
- Explicar a importância da segmentação, do *targeting* e do posicionamento.
- Entender as novas tendências de *marketing* na era da informação.

Conceito de *Marketing*

Ao contrário do que acontece com outras áreas da gestão, o marketing é uma função de gestão em que as suas atividades se desenvolvem fundamentalmente fora das fronteiras da organização e diz respeito aos gestores de todas as áreas funcionais e não apenas ao gestor de marketing. Num mundo globalizado em constante alteração, como o que acontece atualmente, em que vender é cada vez uma tarefa mais difícil, a função marketing assume uma importância crescente nas organizações, pelo que deve ser assumida pelos gestores de todas as áreas funcionais e não apenas pelos especialistas de marketing.

O conceito de marketing tem vindo a evoluir ao longo do tempo. Marketing é uma filosofia de gestão, segundo a qual uma organização deve procurar desenvolver e obter produtos que satisfaçam as necessidades dos clientes, através de um conjunto de atividades que permitam à organização atingir os seus objetivos. Esta filosofia de gestão assume que os clientes são o principal ativo de uma organização e que devem ser o ponto de partida para qualquer estratégia empresarial. Marketing é o processo de gestão responsável pela identificação, antecipação e satisfação das necessidades dos clientes.

Aos gestores de marketing colocam-se frequentemente questões do tipo:

1. Como comunicar com os clientes?
2. Qual a importância e o papel da marca?
3. Como identificar formas de entrada em novos mercados?
4. Que produtos oferecer ao mercado?
5. Que preços praticar no mercado?

O objetivo deste capítulo é encontrar resposta para estas questões, bem como analisar outros aspetos do marketing, como as políticas de marketing mix, a pesquisa dos mercados, o comportamento do consumidor e a organização do departamento de marketing.

O conceito de *marketing* tem sido enunciado de várias formas, mas todas elas têm um denominador comum – o **mercado** e o **cliente**. Para muitos autores, o conceito de marketing refere-se ao conjunto de atividades desenvolvidas por uma organização para criar e trocar valor com os clientes e atingir os objetivos da organização (Figura 1.1):

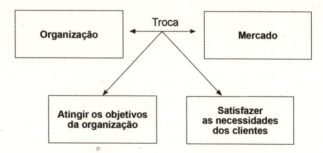

Figura 1.1 Conceito de Marketing

A *American Marketing Association* (AMA) define marketing como "uma função organizacional e um conjunto de processos para criar, comunicar e distribuir valor aos clientes e para gerir as relações com os clientes de forma a beneficiar a organização e os seus *stakeholders*". Há várias definições de marketing, mas para todas elas é o processo pelo qual as empresas criam, distribuem, promovem e fixam os preços dos produtos ou serviços e constroem relações fortes e duradouras com os clientes, num ambiente dinâmico e competitivo (Figura 1.2):

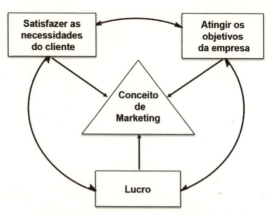

Figura 1.2 Objetivos do Marketing

Qualquer negócio ou organização pública ou instituição de caráter social tem o seu mercado, constituído pelo grupo de compradores atuais ou potenciais ou utilizadores dos seus produtos ou serviços. A gestão das relações com o mercado é um importante ingrediente da gestão estratégica, porque poucas organizações têm controlo sobre os seus mercados. Pelo contrário, muitos negócios estão sujeitos a forte concorrência em que as organizações disputam o mesmo grupo de compradores.

O Processo de Marketing

Para se perceber bem o conceito de *marketing* é necessário compreender que opera a três níveis:

- **A nível filosófico** – significa que, se o gestor não acreditar que esforçar-se por criar valor superior para o cliente é crítico para a sua fidelização e retenção a longo prazo, então o marketing nunca será mais do que uma função trivial como qualquer outra. O marketing deve ser uma cultura que apoia uma efetiva orientação para o cliente.
- **A nível estratégico** – significa que muitas das disciplinas de *marketing*, como a análise do mercado, a segmentação do mercado, o posicionamento, o desenvolvimento de novos produtos e a gestão das relações com os clientes, são fatores determinantes do sucesso do negócio.
- **A nível tático** ou de **implementação de *marketing*** – está relacionado com a oferta de produtos ou serviços e a satisfação das necessidades do cliente.

O marketing é um processo que cobre uma grande variedade de tópicos, que vão desde a compreensão dos clientes, dos mercados e dos concorrentes, à escolha do mercado alvo, à definição da estratégia de marketing e à implementação das políticas de marketing mix, com o objetivo de criar valor para o cliente e manter clientes satisfeitos (Figura 1.3):

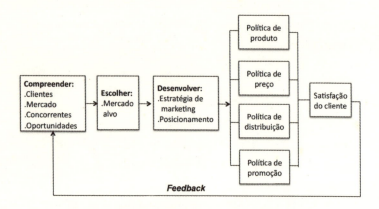

Figura 1.3 O Marketing como um Processo

De uma forma genérica, pode dizer-se que o *marketing* é um processo de gestão pelo qual as empresas criam valor para os clientes e constroem relações fortes e duradouras com os clientes, tendo em vista atingir os objetivos organizacionais.

Evolução do Conceito de Marketing

Inicialmente, o conceito de marketing enquadrava-se basicamente na ótica da produção, tendo posteriormente evoluido para outras óticas mais alargadas, de acordo com outras visões (Figura 1.4):

- **Ótica de produção** (da revolução industrial aos anos 20) – o importante era produzir e tornar disponíveis bens, de modo a satisfazer a procura de produtos básicos, geralmente superior à oferta. A prioridade estava na eficiência de produção e na distribuição, de forma a atingir os resultados organizacionais.
- **Ótica de vendas** (dos anos 20 aos anos 50) – o mais importante era vender para continuar a produzir. A prioridade estava no esforço da força comercial (vendedores, publicidade, promoções) para atingir os resultados. Esta prioridade leva ao nascimento dos departamentos de vendas e ao desenvolvimento das técnicas de vendas.
- **Ótica de marketing** (dos anos 50 aos anos 90) – o mais importante era satisfazer as necessidades do mercado e atingir os objetivos da empresa. A prioridade estava na identificação das necessidades dos consumidores, o que exigia um maior esforço de marketing (vendedores, promoções, publicidade, análise e estudo de mercado, conceção do produto e escolha dos mercados) para atingir os resultados e satisfazer o mercado. Esta prioridade leva ao aparecimento dos departamentos de marketing nas organizações.
- **Ótica de orientação para o mercado** (visão moderna do marketing a partir dos anos 90) – uma organização orientada para o mercado está focada na identificação das necessidades e desejos dos clientes, com vista a obter o mais elevado grau de satisfação do cliente. Nesta situação, a produção procura responder às necessidades do mercado. Esta abordagem é radicalmente diferente das abordagens anteriores, na medida em que o marketing envolve todas as atividades rela-

cionadas com o processo de planeamento e execução das atividades de uma organização, desde a conceção dos produtos e serviços, à quantificação da procura, à análise dos concorrentes, à determinação do preço e à promoção e distribuição dos produtos e serviços, sempre com a finalidade de obter trocas que satisfaçam as necessidades do cliente e atinjam os objetivos da organização.

- **Ótica de marketing relacional** (visão contemporânea do marketing) – a atenção das empresas volta-se para a retenção dos clientes atuais, com vista à construção de um relacionamento de longo prazo. As empresas perceberam que é mais fácil e lucrativo reter os clientes atuais do que angariar novos clientes. O marketing relacional consiste no processo de identificar, estabelecer e manter relações duradouras e lucrativas com os clientes.

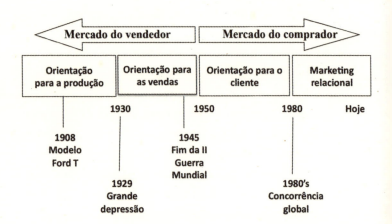

Figura 1.4 Evolução do Conceito de Marketing

Ambiente de Marketing

O papel do gestor de marketing é construir relações fortes com os clientes para criar valor superior para o cliente. Mas as empresas não operam sozinhas no mercado. Atuam num ambiente hostil e altamente competitivo, onde só os melhores conseguem prosperar ou mesmo sobreviver. As estratégias de marketing não são determinadas unilateralmente por qualquer negócio; são fortemente influenciadas pelos fatores externos que, apesar de serem exteriores à organização, a podem afetar.

O ambiente de marketing é um conjunto de atores e forças, algumas controláveis e outras não controláveis, que afetam a capacidade de um negócio criar valor e atrair e manter relações fortes com os clientes alvo. Conhecer o ambiente de marketing permite aos responsáveis de marketing aproveitar as oportunidades que o mercado oferece e combater as ameaças.

No mundo dos negócios há dois tipos de fatores do ambiente externo e de atores, relativamente aos quais a capacidade de atuação da organização é diferente. Por um lado, há os atores próximos da organização que afetam a sua capacidade de servir os seus clientes, relativamente aos quais a organização tem algum controlo, como os fornecedores, os clientes mais importantes, os concorrentes, os intermediários de marketing, os serviços públicos e outros grupos de pressão, que constituem os atores do *micromarketing*. Por outro lado, existem os fatores da envolvente externa mais distante da organização, que afetam não apenas a organização, mas todo o setor ou indústria, como os fatores políticos, sociais, legais, económicos e tecnológicos, sobre os quais a organização não tem qualquer poder de controlo, que são os fatores do *macromarketing* (Figura 1.5):

Figura 1.5 Ambiente de Marketing

Microambiente de Marketing

O sucesso de qualquer programa de marketing requer a construção de relações com os outros departamentos da empresa, com os fornecedores, os clientes, os intermediários de marketing, os concorrentes e os grupos de pressão, como sindicatos, confederações patronais, organismos públicos e comunicação social.

Fornecedores

Os fornecedores são um importante elo da cadeia de valor da empresa. Eles proporcionam os recursos de que a empresa necessita para produzir os seus produtos e serviços. Os gestores de marketing devem estar atentos à disponibilidade da oferta, como falhas de abastecimento, atrasos, greves ou outros eventos que possam prejudicar as vendas no curto prazo e provocar insatisfação nos clientes a longo prazo. Os gestores de marketing devem também monitorizar as tendências dos preços dos principais recursos. Cada vez mais os responsáveis de marketing tratam os seus fornecedores como parceiros com vista a criar valor para os clientes.

Clientes

As empresas devem estudar muito bem os seus mercados. Os mercados de consumo são constituídos pelos indivíduos e famílias que compram produtos e serviços para consumo próprio. Os mercados industriais compram produtos e serviços para posteriormente incorporarem na sua própria produção, enquanto os mercados dos revendedores compram produtos e serviços para revenderem com uma margem de lucro. Os mercados internacionais são constituídos por compradores que se situam noutros países, incluindo consumidores, produtores, revendedores e governo. Cada mercado tem as suas caraterísticas próprias que requerem especial atenção por parte do responsável de marketing.

Intermediários de Marketing

Os intermediários de marketing são organizações que ajudam a empresa a promover, vender e distribuir os seus produtos até aos consumidores finais. Incluem os revendedores, os distribuidores, as agências e os intermediários financeiros. Os revendedores são empresas de distribuição que ajudam a empresa a encontrar os clientes e a vender a esses clientes. Incluem grossistas e retalhistas que compram e revendem mercadorias. A escolha e seleção e o estabelecimento de parcerias com revendedores não é tarefa fácil, que requer cuidados especiais.

Os distribuidores ajudam a empresa a armazenar e movimentar mercadorias, desde os pontos de origem até aos seus destinos finais. Ao trabalhar com armazenistas e empresas transportadoras, a empresa deve determinar a melhor forma de armazenar e transportar, tendo em conta fatores como o custo, expedição, rapidez e segurança.

Agências de serviços de marketing são empresas de pesquisa de marketing, agências de publicidade, empresas de comunicação e consultores de marketing que ajudam a empresa a escolher o mercado alvo e promovem os seus produtos nos mercados certos. Quando uma empresa decide contratar estas agências deve escolher cuidadosamente, porque estas empresas variam muito em criatividade, qualidade do serviço e preço.

Os intermediários financeiros incluem os bancos, as companhias de seguros e outras instituições financeiras que ajudam as empresas a protegerem-se dos riscos associados à compra e venda de produtos. Muitas empresas e clientes dependem dos intermediários financeiros para financiar as suas atividades.

Tal como os fornecedores, os intermediários de marketing constituem importantes componentes do sistema de criação de valor para o cliente. Hoje em dia os responsáveis de marketing reconhecem a importância de considerarem os seus intermediários como parceiros, em vez de simples canais através dos quais vendem os seus produtos.

Concorrentes

O conceito de marketing estipula que, para ter sucesso, uma empresa deve criar valor superior e um maior grau de satisfação para o cliente do que os concorrentes. Isto implica que os responsáveis de marketing devem fazer mais do que simplesmente adaptar-se às necessidades dos clientes alvo. Devem também ganhar vantagem estratégica, posicionando os seus produtos mais fortemente na mente dos clientes do que os concorrentes.

Nenhuma estratégia de marketing é a melhor para todas as empresas. Cada empresa deve considerar a sua posição na indústria comparada com os seus concorrentes e escolher a estratégia que melhor poderá atingir os seus objetivos. As grandes empresas podem usar estratégias que as pequenas empresas não podem, mas ser grande não é suficiente. Há estratégias vencedoras para grandes empresas, mas também há estratégias perdedoras. As pequenas empresas podem mais facilmente diversificar os seus produtos e desenvolver estratégias que proporcionam melhores taxas de rendibilidade do que as grandes empresas. Compete aos gestores de marketing escolher as melhores estratégias, em função das condições do meio envolvente.

Macroambiente de Marketing

As estratégias de marketing não são determinadas unilateralmente pelos gestores; pelo contrário, são fortemente influenciadas por forças exteriores à organização. Para terem sucesso, os programas de marketing devem reconhecer os fatores do ambiente externo que a podem afetar. Neste ponto, vamos analisar como as forças do ambiente externo afetam a estratégia de marketing das empresas.

Ambiente político-legal

O ambiente politico-legal é constituído pelas leis, agências governamentais e grupos de pressão que influenciam e limitam as organizações e os indivíduos numa sociedade. O desenvolvimento das variáveis politico-legais, como a estabilidade política, as políticas económicas e a legislação governamental, que visam proteger as empresas, os consumidores e a sociedade, afeta profundamente a estratégia e as decisões de marketing. Por exemplo, as limitações à libertação de CO_2 ou a imposição de utilização de determinado tipo de energias, ou as convulsões sociais no país ou no exterior para onde as empresas exportam uma parte significativa das suas exportações, têm profundas implicações na atividade das organizações. Veja-se o caso do encerramento das centrais nucleares na Alemanha ou a dificuldade de abastecimento de gás, provocada pelos problemas na Ucrânia, com possível encarecimento da energia, que certamente terá grandes implicações na indústria alemã e europeia ou as mudanças de regime nalguns países que afetam as transações comerciais com esses países.

O ambiente legal refere-se a todo o conjunto de leis e regulamentos que condicionam, incentivam ou limitam a atividade empresarial. Os governos intervêm direta ou indiretamente na vida económica e social das populações e das empresas, influenciando e condicionando o rumo das empresas por meio de leis, licenciamentos, incentivos e impostos.

São vários os fatores político-legais que constituem obstáculos ao investimento e ao desenvolvimento das empresas e dos negócios, como a carga fiscal que incide sobre os indivíduos e as empresas, a falta de investimentos públicos em infraestruturas e logística, a alteração constante das leis e regulamentos, principalmente leis fiscais ou a morosidade da justiça.

Ambiente económico

O ambiente económico consiste nos fatores que afetam o poder de compra dos compradores e os padrões de consumo. Os países e regiões variam muito nos seus níveis e distribuição de rendimento. Alguns países têm economias de subsistência, que oferecem poucas oportunidades de mercado, enquanto outros são economias industriais, que constituem bons mercados para os diferentes produtos.

As condições económicas influenciam os planos de marketing no que se refere à oferta do produto, preço e estratégias de promoção, uma vez que determinam os padrões de despesa dos consumidores, das empresas e dos governos. Os responsáveis de marketing têm que estar atentos às principais tendências do mercado e aos padrões de consumo, tanto no país onde operam, como nos mercados internacionais.

Por isso, devem considerar as variáveis económicas nos seus planos de marketing, como se o país está em expansão ou recessão, a taxa de crescimento do produto interno bruto (PIB), as taxas de câmbio, as taxas de juro, a inflação, o nível salarial, as tarifas de importação ou exportação, a taxa de desemprego ou os custos da energia.

Os gestores devem monitorizar o ciclo económico e antecipar as tendências dos consumidores para se adaptarem internamente às novas condições do mercado. Por exemplo, em períodos de crise, quando as famílias estão endividadas, as pessoas deixam de comprar ou compram menos, o que obriga a uma adaptação das empresas a esta nova realidade.

Ambiente tecnológico

O ambiente tecnológico consiste no conjunto de forças que criam novas tecnologias, novos produtos e serviços e novas oportunidades de mercado. É talvez a força mais dramática que marca o destino das organizações. O aparecimento de novos produtos torna os produtos existentes obsoletos e muitos produtos mudam os nossos valores e os estilos de vida. Por sua vez, as mudanças no estilo de vida estimulam muitas vezes o aparecimento de novos produtos não diretamente relacionadas com as novas tecnologias, mas são os novos estilos de vida que induzem ao aparecimento de novas tecnologias.

O ambiente tecnológico muda muito rapidamente, pelo que os responsáveis de marketing devem estar muito cientes da evolução das tendências da tecnologia.

Ambiente sociocultural

As mudanças dos valores sociais forçam as empresas a desenvolver e promover novos produtos, quer para consumidores de bens de consumo, quer para compradores de produtos industriais. Hoje em dia, em resposta à procura crescente de alimentação saudável, as empresas têm vindo a promover as suas linhas de produtos biológicos. Também os novos produtos industriais refletem as mudanças nos valores sociais, traduzidas designadamente no desenvolvimento de programas de bem-estar para os trabalhadores. Estas novas tendências refletem os valores sociais, as crenças e as ideias que moldam a sociedade moderna.

O ambiente cultural é constituído por instituições e outras forças que afetam os valores básicos da sociedade, as perceções e preferências e comportamentos. As empresas devem responder às mudanças socioculturais com estratégias adequadas. Por exemplo, o aumento do número de mulheres no mercado do trabalho e o aumento dos reformados com elevado poder de compra devem ser acompanhados por uma maior atenção por parte dos responsáveis de marketing, com políticas adequadas às novas condições do mercado.

Ambiente competitivo

Num ambiente competitivo como o que vivemos, em que os recursos são escassos, os responsáveis de marketing devem convencer os compradores de que devem comprar os produtos da sua empresa em vez dos produtos da concorrência. Como os consumidores, quer individuais quer os compradores de produtos industriais, têm recursos limitados, cada euro gasto num produto não pode ser disponibilizado para outras compras. Dado o ambiente fortemente competitivo, cada programa de marketing deve procurar tornar o seu produto o mais atrativo possível para o cliente, quer em termos de qualidade, quer em termos de preço.

Funções de Marketing

O marketing tem vindo a assumir um papel crescente nas organizações à medida que se tem revelado cada vez mais que o que é difícil é vender e não produzir. Inicialmente, o marketing preocupava-se com a venda em sentido restrito, isto é, não incluia a conceção do produto nem a definição do preço, mas apenas a distribuição física do produtos e a faturação, passando posteriormente a incluir também a publicidade, que tem como finalidade apoiar o papel dos vendedores. Atualmente, o marketing incluiu também a análise das necessidades do mercado, a definição do produto e do preço, a gestão dos canais de distribuição, a comunicação e promoção junto dos clientes, o planeamento e controlo de marketing e o serviço pós-venda.

No início, o marketing era utilizado apenas pelas empresas comerciais, mas atualmente assiste-se também à utilização do marketing pelas empresas industriais, pelas empresas de serviços, pelas organizações sem fins lucrativos e assiste-se mesmo à própria setorização do marketing. Atualmente, o marketing está presente em todos os produtos e serviços, desde os bens de consumo (*Marketing Business to Consumer-B2C*), aos produtos industriais (*Marketing Business to Business-B2B*), aos serviços (*Marketing* de Serviços) e em todos os setores da atividade, como o setor social (*Marketing* Social), a política (*Marketing* Político) e a cultura (*Marketing* Cultural), nas instituições sem fins lucrativos (*Not-For-Profit Marketing*) e nos serviços públicos (*Public Sector Marketing*).

Sistemas de Informação e Pesquisa de Marketing

O principal objetivo da gestão de marketing é a identificação e satisfação das necessidades e desejos do cliente. Para identificar essas necessidades e implantar estratégias e programas que visem a satisfação das necessidades do consumidor, os responsáveis de marketing precisam de informação sobre o mercado atual e potencial, sobre os clientes, sobre os concorrentes e sobre as forças do meio envolvente.

Gestão de Sistemas de Informação de Marketing

Dado o volume de informação hoje disponível, o que define o sucesso de uma estratégia de marketing é a qualidade da informação recolhida e não a sua quantidade. Para obter e gerir adequadamente a informação de que necessita para a tomada de decisão, com vista a melhor satisfazer as necessidades do mercado, o gestor de marketing deve dispor de um adequado sistema de informação de marketing e fazer pesquisa de marketing.

O sistema de informação de marketing consiste no conjunto de processos para recolher, classificar, avaliar e distribuir informação acerca das necessidades dos compradores e das atividades dos concorrentes, com vista ao desenvolvimento das estratégias de marketing.

Um sistema de informação usa as novas tecnologias de informação para disponibilizar aos gestores dados que lhes permitam transformar esses dados em informação compilada e inteligível (*marketing intelligence*) acerca das necessidades dos compradores e das atividades dos concorrentes, que ajude ao processo de tomada de decisões associadas ao marketing-mix. A recolha e arquivo desses dados em ficheiros eletrónicos chama-se ***data warehousing*** (Figura 1.6):

Figura 1.6 Principais Componentes de um Sistema
Data Warehouse

Para os gestores, *data warehouse* é toda a informação sobre o negócio. Depois de recolher a informação, os gestores usam **data mining**, que é uma aplicação informática para pesquisar, filtrar e reorganizar bases de dados para descobrir informação útil. *Data mining* ajuda os gestores a planear novos produtos, fixar os preços e identificar tendências e padrões de compra. Ao analisarem o que os consumidores atualmente consomem, os gestores podem perspetivar o que tencionam comprar no futuro e enviar-lhes antecipadamente informação ajustada às suas necessidades.

Os gestores das diversos áreas funcionais da organização – produção, marketing, recursos humanos e finanças – têm as suas necessidades específicas de informação, pelo que um sistema de informação é atualmente um conjunto de vários subsistemas que partilham a informação, servindo diferentes níveis da organização, diferentes departamentos ou diferentes operações. Porque têm diferentes tipos de problemas, os gestores e os seus colaboradores têm acesso aos seus próprios sistemas de informação especializados que satisfazem as suas necessidades específicas. A grande vantagem destes sistemas é que cada grupo de utilizadores e cada departamento pode dispor, a cada momento, de informação especializada e ajustada às suas necessidades de informação.

Pesquisa de Marketing

A pesquisa de marketing consiste fundamentalmente em recolher e analisar a informação necessária para tomar decisões de marketing. As duas áreas fundamentais em que a informação é necessária são: (1) **análise dos mercados atuais e potenciais** e (2) **táticas e métodos de pesquisa de marketing**. A primeira está orientada para analisar o que se passa fora da empresa, enquanto a segunda está orientada para conhecer a forma como a organização responde internamente aos seus clientes atuais e futuros. A informação é utilizada para melhorar a qualidade das decisões de marketing e minimizar os riscos, assegurando que as decisões são bem fundamentadas.

Processo de Pesquisa de Marketing

O processo de pesquisa de marketing engloba várias fases (Figura 1.7):

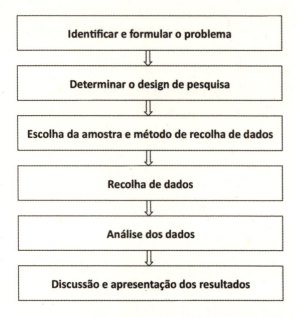

Figura 1.7 Etapas do Processo de Pesquisa de Marketing

1. Identificar e Formular o Problema de Pesquisa

O primeiro passo no processo de pesquisa de marketing envolve a identificação e formulação do problema a pesquisar. Para identificar o problema de pesquisa é preciso identificar as oportunidades do mercado, nomeadamente em termos de crescimento da quota de mercado, novos produtos, novos canais ou oportunidades emergentes de mercado que podem ser exploradas. As empresas devem identificar o problema a pesquisar com base nos sintomas e oportunidades do mercado, tais como:

- Porque está a cair a quota de mercado?
- Porque estão as reclamações a aumentar?
- Porque os novos produtos não têm sucesso?

A identificação clara do problema é o passo essencial para uma correta identificação e formulação do problema de pesquisa de marketing.

2. *Design* de Pesquisa

O *design* de pesquisa está relacionado com a identificação e formulação do problema. Os problemas de pesquisa e o *design* de pesquisa estão intimamente relacionados. Podem ser utilizadas diversas metodologias para conduzir pesquisas de mercado, como a pesquisa exploratória, a pesquisa descritiva e a pesquisa causal (Figura 1.8):

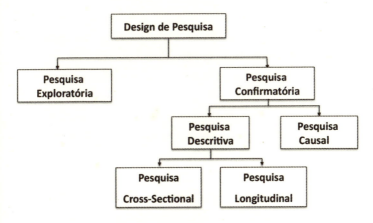

Figura 1.8 Design de Pesquisa

Se não conhecemos o problema e se não foram ainda feitos quaisquer estudos sobre o problema, então é preferível fazer uma pesquisa exploratória. A **pesquisa exploratória** é usada para explorar um problema ou situações em que é necessário conhecer melhor um fenómeno, sem pretender tirar conclusões definitivas sobre a situação. Utilizam-se técnicas como a pesquisa piloto, entrevistas em profundidade, grupos de foco e pesquisa descritiva.

A **pesquisa descritiva** tem como objetivo descrever as caraterísticas de determinada situação, sem pretender explicar os fenómenos que descreve. Utilizam-se quando se pretende descrever a dimensão do mercado ou o perfil do consumidor. Este tipo de pesquisa utiliza métodos de estatística descritiva, normalmente baseia-se em amostras representativas da população e compreende um grande número de métodos de recolha de dados, como a entrevista, o questionário, painéis, entre outros. As conclusões a que chega reportam-se aos elementos observados e não tem a pretensão de generalizar as conclusões a todos os elementos da população.

A **pesquisa causal** é usada quando se pretende obter evidências de causa e efeito, isto é, quando se pretende saber o efeito que a variação de uma variável produz noutra variável. A chave do uso de pesquisa causal é descobrir relações de causalidade, ou seja, a relação entre um evento (causa) e um segundo evento (efeito), quando o segundo evento é a consequência do primeiro. Por exemplo, pode ser utilizada para compreender como o mercado ou os consumidores reagem a uma alteração do preço ou qual o efeito que uma campanha de publicidade produz no volume de vendas. Este tipo de pesquisa usa instrumentos estatísticos, como a análise da regressão, a análise da variância ou modelos de equações estruturais. O método mais usado para este tipo de pesquisa é o método experimental.

3. Fontes e Métodos de Recolha de Dados

Os responsáveis de marketing podem recorrer a diversos tipos de dados internos e externos à organização. Os dados primários referem-se a dados que foram recolhidos especificamente para a pesquisa em causa, enquanto as fontes secundárias referem-se a dados que já existem e que foram recolhidos para outras finalidades, mas que são úteis para o trabalho em curso.

As fontes de dados mais comuns são as seguintes (Figura 1.9):

- **Dados primários** – são dados originados pelo investigador para o fim específico que pretende investigar. Podem ser obtidos por inquéritos, questionários, painéis de consumidores, entrevistas em profundidade, grupos de foco, observação e experimentação.
- **Dasos secundários** – são dados obtidos anteriormente para outros fins que não o problema que ocupa o investigador. Podem ser obtidos por registos existentes na própria organização, como relatórios de vendas, estudos, ou fontes publicadas externamente, como bases de dados, relatórios, publicações especializadas, empresas de consultadoria, bases de dados, internet. O uso de dados secundários é mais barato que a obtenção de dados primários e podem ser facilmente localizados, mas podem ser menos relevantes para o fim pretendido ou estarem desatualizados.

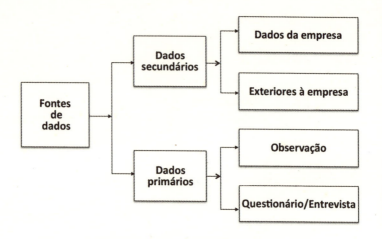

Figura 1.9 Fontes de Recolha de Dados

Os dados podem ser quantitativos ou qualitativos. Os dados quantitativos são apresentados em valores, enquanto os dados qualitativos são baseados em julgamentos qualitativos, embora, muitas vezes, lhes possamos atribuir códigos, transformando-os, para efeitos de análise estatística, em dados quantitativos. São os casos, por exemplo, de respostas do tipo "sim" ou "não" em que o investigador atribui o código "1" às respostas "sim" e o código "0" às resposta "não", ou das perguntas de resposta múltipla do tipo "discordo completamente", "discordo", "neutral", "concordo" e "concordo completamente", em que o investigador atribui os códigos "1" a "5" ou "1" a "7" consante os objetivos do estudo. Este tipo de escalas em que todas as categorias estão designadas e os respondentes indicam o grau em que concordam, designam-se *escalas de Likert*. As escalas de Likert são as mais comummente usadas por académicos e investigadores em estudos de marketing, sendo as escalas de 7 pontos mais fiáveis do que as escalas de 5 pontos.

4. Pesquisa Quantitativa e Pesquisa Qualitativa

A pesquisa de marketing pode ser quantitativa e qualitativa. Os dois tipos de pesquisa usam diferentes metodologias, diferentes tipos de dados e focam-se em diferentes questões de pesquisa. As finalidades da pesquisa quantitativa e qualitativa são diferentes. Se se pretende respostas para questões do tipo "Este produto é um produto de boa qualidade?" e se os respondentes podem escolher entre "discordo completamente", "discordo", "neutral", "concordo" ou "concordo completamente", podemos usar uma metodologia quantitativa. Por outro lado, para a mesma pergunta se as respostas podem ser livres do género "sim", "não", "talvez", "da última vez que provei era bom", então devemos usar uma metodologia qualitativa.

A metodologia quantitativa baseia-se fundamentalmente na recolha de dados através de questionários estruturados ou não e usam metodologias de inferência estatística, como a análise de regressão, ANOVA, testes de hipóteses, análise de clusters, modelos de equações estruturais, ao passo que a pesquisa qualitativa baseia-se fundamentalmente na recolha de dados através de entrevistas em profundidade, grupos de foco ou outros métodos qualitativos e usa técnicas como a análise de conteúdo ou métodos estatísticos descritivos.

Comportamento do Consumidor

O conceito moderno de marketing, como um processo de troca, coloca a satisfação das necessidades dos clientes no centro das preocupações da organização. Para responder de forma mais adequada às necessidades, desejos e gostos dos seus clientes, atuais e potenciais, a organização deve conhecê-los o melhor possível e mantê-los satisfeitos. Para que isso aconteça, tem que compreender o comportamento do consumidor e o processo de tomada de decisão de compra.

O comportamento de compra do consumidor é um fenómeno complexo, porque é influenciado por uma multiplicidade de fatores de natureza cultural, social e emocional envolvidos no processo de compra. O conhecimento dessas influências é extremamente importante para que a organização possa identificar e adequar as caraterísticas e atributos dos seus produtos ou serviços às necessidades e desejos dos consumidores.

A **cultura** é um dos principais determinantes do comportamento do consumidor. É por meio da cultura que as pessoas adquirem valores, crenças, costumes e preferências que determinam os seus comportamentos de consumo. A **classe social**, os grupos de referência, como a família, os amigos, os vizinhos e os colegas e o status social dos indivíduos, são também fatores importantes no processo de decisão de compra. Existem ainda fatores pessoais, como a idade, o género e o estado civil e **fatores psicológicos e emocionais**, como a personalidade, as motivações e as atitudes, que determinam e influenciam o comportamento de compra dos consumidores.

A decisão de compra é um processo contínuo que se inicia com o reconhecimento de uma necessidade por parte do consumidor e termina com a avaliação que o comprador faz da compra efetuada (Figura 1.10):

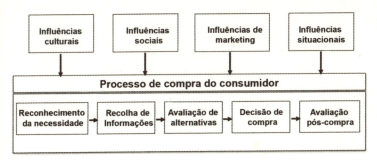

Figura 1.10 Processo de Decisão de Compra do Consumidor

A primeira etapa do processo de decisão de compra é o **reconhecimento de um problema** ou **de uma necessidade**, que pode provir de um estímulo interno ou de estímulos externos, como a publicidade ou a exposição do produto no ponto de venda. A segunda etapa consiste na **recolha de informação** sobre o produto ou serviço que fundamente a decisão de compra. Recolhida toda a informação julgada necessária para o comprador não correr o risco de se arrepender da compra, segue-se a **avaliação das alternativas** de compra que se colocam, tendo em conta a análise custo-benefício que faz das alternativas e os objetivos de compra pretendidos. Após estas três etapas, segue-se a **decisão de compra**, que poderá assumir uma das seguintes alternativas (Figura 1.11):

- Opção por não comprar.
- Opção por comprar no futuro.
- Opção por comprar de imediato.

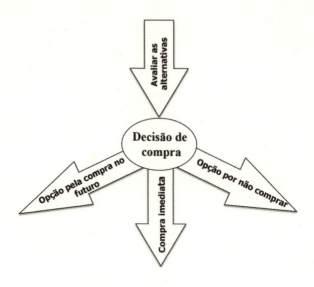

Figura 1.11 Decisão de compra

Depois da compra, o consumidor inicia o consumo ou uso do produto ou serviço e faz a **avaliação** sobre o grau de satisfação ou insatisfação da compra efetuada. Nem sempre os consumidores ficam satisfeitos com a decisão de compra, consumo ou não compra. A satisfação do consumidor é função do desempenho e das expectativas que o consumidor tinha sobre o produto. Se o desempenho ficar áquem das expectativas, o consumidor fica insatisfeito; se o desempenho corresponde às expectativas que o consumidor tinha relativamente ao produto, o consumidor fica satisfeito e se o desempenho excede as expectativas, então o consumidor fica encantado.

Se a avaliação for positiva, geram-se comportamentos de satisfação ou encantamento, que induzem os consumidores a repetir a compra sempre que a necessidade se manifeste de novo. Pelo contrário, se a avaliação for negativa, geram-se comportamentos de insatisfação e até arrependimento, que levam os consumidores a não repetirem a compra. A desconfirmação ocorre quando há uma discrepância, positiva ou negativa, entre as expectativas e o desempenho do produto ou serviço. Se o desempenho for melhor do que a expectativa, conduz a uma discrepância positiva e à satisfação. Pelo contrário, se o desempenho for mais baixo que o esperado, o resultado é uma discrepância negativa que conduz à insatisfação (Figura 1.12):

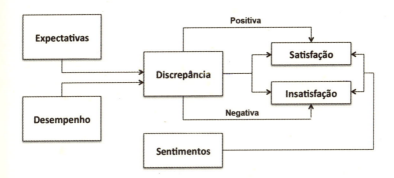

Figura 1.12 Paradigma da Discrepância

O arrependimento pós-compra ocorre quando os consumidores percebem uma comparação não favorável entre o desempenho da opção escolhida e o desempenho das opções não escolhidas. Pelo exposto, percebe-se que compreender, prever e influenciar o comportamento do consumidor é uma tarefa difícil, mas fundamental para a definição da estratégia de marketing da organização.

Os consumidores também podem julgar a satisfação e insatisfação com base em sentimentos. Os sentimentos pós-decisão, positivos ou negativos, ajudam a explicar os julgamentos de satisfação e insatisfação. Se nos sentimos bem ou mal ao utilizar um produto ou serviço, é mais provável que nos sintamos satisfeitos ou insatisfeitos, independentemente das nossas expectativas e avaliações do desempenho. Os sentimentos expressos pelos empregados também afetam a satisfação dos clientes. Quando os empregados expressam emoções positivas de forma autêntica, é natural que os consumidores fiquem mais satisfeitos com o produto ou serviço que compraram.

Apesar da satisfação do cliente ser extremamente importante para qualquer empresa, hoje questiona-se se a satisfação, por si só, é suficiente para manter a fidelização do cliente. Num inquérito sobre satisfação e lealdade do cliente, entre 65% a 85% dos clientes que abandonam as marcas concorrentes dizem que estavam satisfeitos ou muito satisfeitos com o produto ou serviço (Chandrashekaran et al., 2007).

Quando os consumidores não estão extremamente satisfeitos, estão mais propensos a abandonar. Para reter o cliente, não chega que esteja satisfeito, é necessário que esteja extremamente satisfeito ou que exista uma razão mais forte a fim de permanecer com a marca ou com a empresa. A fidelidade do cliente depende do produto ser competitivamente superior e dos consumidores valorizarem essa superioridade.

O objetivo de qualquer empresa deverá ser a retenção dos clientes. Uma estratégia de retenção dos clientes tenta construir um relacionamento de longo prazo, prestando atenção a todos os aspetos de interação com o cliente, designadamente o serviço pós-venda.

Segmentação, *Targeting* e Posicionamento (STP)

Os gestores e os responsáveis de marketing têm plena consciência de que não podem satisfazer as necessidades de todos os clientes. As empresas utilizam cada vez mais a segmentação do mercado como uma estratégia de *marketing*, de fundamental importância para atingir os seus objetivos organizacionais.

A segmentação é talvez a decisão mais difícil e mais complexa que os gestores têm de tomar ao decidir a sua estratégica de *marketing*, podendo mesmo dizer-se que não existe um plano de marketing bem sucedido sem uma adequada segmentação de mercado.

O marketing tradicional, cuja principal missão é ocupar-se da venda e promoção dos produtos, já não corresponde aos objetivos das empresas (Kotler, 2007). O trabalho dos responsáveis de marketing é procurar novas oportunidades para a empresa e aplicar cuidadosamente a *segmentação de mercado* para orientar um negócio na direção adequada e desenvolver um *marketing mix* coerente com a estratégia de *marketing* (Kotler, 2007). Daí a importância da segmentação do mercado como instrumento estratégico e a base de toda a estratégia de *marketing* e do sucesso das empresas ou organizações.

As organizações atuam em grandes mercados muito diversificados, onde os consumidores são numerosos, espalhados geograficamente e com gostos e necessidades diferentes, não tendo possibilidades de atuar em todos eles da mesma forma. Em vez de procurarem atender o mercado como um todo, as organizações procuram identificar os segmentos e mercados mais atrativos e os que podem satisfazer melhor.

Depois de analisarem o contexto em que atuam, as empresas devem desenvolver uma estratégia de marketing que promova uma oferta que satisfaça as necessidades dos seus clientes melhor que os seus concorrentes. A este processo de identificar e dividir o mercado em segmentos homogéneos (comportamentos, necessidades, motivações), segundo determinados critérios úteis para a comercialização de bens nesse mercado, chama-se segmentação em sentido lato, que se desenvolve em três etapas fundamentais:

1. **Segmentação do mercado** – identificar os diferentes grupos de consumidores.
2. **Definição do mercado alvo** – avaliar a atratividade dos segmentos e selecionar os segmentos alvo.
3. **Posicionamento de mercado** – definir o posicionamento do produto para cada segmento-alvo e desenvolver um *marketing-mix* para os segmentos-alvo escolhidos.

Estas fases são essenciais para a formulação de uma estratégia de marketing de sucesso. A segmentação tem vantagens porque permite uma maior facilidade na identificação das oportunidades do mercado, o desenvolvimento do produto certo para cada mercado alvo e possibilita uma reposta rápida às alterações dos gostos e necessidades dos consumidores alvo.

Segmentação do Mercado

A segmentação consiste em dividir o mercado global em segmentos homogéneos de clientes com caraterísticas, desejos e necessidades semelhantes, segundo determinados critérios e que podem requer estratégias de marketing-mix diferenciadas. Como os públicos são muito diferentes uns dos outros nos seus hábitos, gostos e exigências, é necessário desenvolver metodologias que permitam uma atuação eficaz junto dos públicos alvo dentro de uma organização.

Os membros de um segmento de mercado, por definição, devem ter traços comuns que determinam as suas decisões de compra. Para identificar os segmentos de consumidores, os investigadores de marketing atentam às diferentes influências no comportamento do consumidor. As variáveis mais utilizadas para a segmentação do mercado podem ser classificadas segundo quatro critérios: **segmentação geográfica, segmentação demográfica, segmentação psicográfica e segmentação comportamental** (Figura 1.13):

Critérios demográficos	Exemplos
Género	Perfumaria, calçado, relógios
Idade	Lazer, turismo
Altura, peso	Vestuário, produtos dietéticos
Agregado familiar	Habitação, turismo
Critérios geográficos	**Exemplos**
País	Desenvolvidos, em desenvolvimento
Região	Norte, centro, sul
Relevo	Calçado
Clima	Vestuário, aquecimento
Critérios psicográficos	**Exemplos**
Rendimento	Viagens, automóveis, vestuário
Classes sociais	Habitação, bens supérfluos
Nível de instrução	Livros, revistas, espetáculos
Religião	Alimentos, bebidas
Critérios comportamentais	**Exemplos**
Status do consumidor	Relógios
Grau de fidelidade	Tabaco
Ocasião de compra	Natal

Figura 1.13 Critérios de Segmentação

A segmentação tem inúmeras vantagens, porque permite uma análise mais aprofundada dos consumidores, uma análise da concorrência, uma resposta rápida a alterações nas necessidades do mercado, uma mais efetiva alocação dos recursos, uma identificação mais fácil das oportunidades e ameaças do mercado e uma personalização das relações com os clientes.

Ao dividir ou segmentar o público alvo, estamos indubitavelmente a fazer planeamento estratégico de marketing e a personalizar as relações com os clientes. Daí a importância da segmentação como uma poderosa arma estratégica, cujas implicações decorrem da escolha de segmentos bem definidos para a formulação de estratégias competitivas.

Seleção do Mercado Alvo (Targeting)

Após avaliação dos diferentes segmentos, a empresa deve identificar os mercados alvo (*targeting*) e selecionar os que apresentam maior potencial e que a empresa pretende servir. São vários os critérios para o estabelecimento de mercados alvo, tais como:

1. Dimensão atual e potencial de crescimento do segmento.
2. Concorrência potencial.
3. Compatibilidade e viabilidade.

A fase seguinte no processo de *targeting* consiste na seleção das estratégias mais adequadas para identificação do mercado alvo, podendo ser adotadas algumas das seguintes estratégias de *targeting* (Figura 1.14):

- **Estratégia de marketing indiferenciado ou marketing de massas** – quando as diferenças nas necessidades dos consumidores são pequenas ou as caraterísticas demográficas não são distintivas, os responsáveis de marketing podem usar uma estratégia de marketing indiferenciado ou marketing de massas (*mass marketing*). O foco do *marketing* de massas está na satisfação de necessidades comuns dos consumidores e na utilização de um só marketing-mix. Neste caso, não há segmentação.

A empresa produz, distribui e promove em massa um produto para todos os compradores (*commodities*). A Coca-Cola, Sony, Marlboro, Phillips, Toyota, bem como muitas outras empresas multinacionais bem conhecidas, usam uma estratégia de marketing global, embora, por vezes, modifiquem os seus produtos e as estratégias de comunicação de marketing com vista a satisfazer as necessidades específicas dos seus clientes em mercados internacionais.

- **Marketing concentrado ou marketing de nicho** – dividir o mercado em segmentos homogéneos, ou seja, grupos de pessoas com necessidades idênticas, não é nunca um processo perfeito de segmentação. Mesmo quando os clientes num dado segmento partilham necessidades comuns, há sempre diferenças demográficas ou nos comportamentos que não podem ser perfeitamente satisfeitas por uma estratégia dirigida a esse segmento.

O foco no marketing concentrado está em adquirir uma forte quota de mercado num ou em poucos segmentos de mercado (nicho). São os casos da Rolls Royce, Porsche, etc., em que as estratégias de segmen-

tação são customizadas às necessidades específicas, estilos de vida e comportamentos dos clientes do nicho.
- **Marketing diferenciado ou marketing segmentado** – a empresa usa políticas de marketing-mix diferentes para segmentos distintos e concentra-se no que é específico às necessidades do consumidor, como é o caso da Renault. Neste caso existe alguma segmentação. Desenvolve produtos diferentes, com níveis de qualidade e estilos diferentes para consumidores com gostos diferentes. Usa compostos de marketing adequados aos segmentos a que se destinam.
- **Marketing individual ou micromarketing** – a empresa usa um marketing-mix personalizado para cada indivíduo (customização), como são os casos do Smart, Fiat 500 ou IKEA, que customizam os produtos aos gostos dos consumidores.

Figura 1.14 Estratégias de *Targeting*

Posicionamento

Depois de identificados os segmentos de mercado e definidos os segmentos alvo, importa posicionar o produto ou serviço no mercado. Enquanto a segmentação está relacionada com a forma como são identificados os grupos de clientes no mercado, o posicionamento está relacionado com a maneira como os clientes percebem as alternativas de compra à sua disposição. O posicionamento é a forma como o produto se diferencia na mente dos consumidores em relação aos produtos concorrentes, tendo em vista os benefícios que possui e que são valorizados pelos consumidores (Kotler et al., 2006).

O posicionamento é uma tentativa de gerir como os potenciais clientes percebem um produto ou serviço e selecionar o marketing-mix mais apropriado para o segmento ou segmentos alvo escolhidos. Para Kotler et al. (2006), o posicionamento de um produto é "a maneira como ele é definido pelos consumidores no que diz respeito a atributos importantes. É o lugar que ele ocupa nas mentes dos consumidores". É o complexo grupo de perceções, impressões e sentimentos que o consumidor tem sobre um produto em comparação com os concorrentes.

O posicionamento é um passo fundamental na definição da estratégia de marketing, uma vez que define claramente como a empresa pretende ser reconhecida pelo mercado em relação ao seu produto ou serviço. É um processo de reconhecimento do mercado que comporta dois aspetos complementares:

- **Identificação do produto ou serviço** – escolha da categoria a que o produto fica associado na mente dos consumidores (de que género de produto se trata?).

- **Diferenciação do produto ou serviço** – as várias particularidades que distinguem um produto dos concorrentes (o que o distingue dos outros produtos similares?). Muitos clientes estão dispostos a pagar um preço mais elevado por produtos que trazem benefícios para os clientes. Diferenças na qualidade, na fiabilidade e no desempenho dos produtos podem atrair clientes que procuram produtos com desempenhos acima da média. A qualidade de um serviço pode também ser uma importante fonte de diferenciação quando se definem estratégias de posicionamento. A qualidade de um serviço tem dimensões similares à qualidade de um produto.

Diferenciação é a criação de diferenças tangíveis em duas ou mais dimensões chave de um produto ou serviço em relação aos da concorrência (desempenho, formato, fiabilidade, *design*, durabilidade, etc.), enquanto **posicionamento** é a escolha das estratégias que asseguram que essas diferenças ocupam uma posição distinta na mente dos consumidores.

Definidos os segmentos em que atua e o posicionamento que pretende adotar, a empresa ou organização pode desenvolver políticas consistentes de marketing-mix, ao nível do produto, do preço, da distribuição e da promoção.

Novas Tendências do Marketing

As novas tendências do marketing, como o marketing relacional, a gestão da relação com o cliente e o marketing digital, requerm uma nova filosofia de gestão, que coloca novos problemas às organizações, tornando-as mais dependentes das novas tecnologias de marketing e de informação, como o *e-business* e o *e-commerce*, bases de dados e ferramentas de comunicação eletrónica.

Marketing Relacional

A atração de novos clientes sempre foi um dos principais objetivos da gestão de marketing. Mas a atração de novos clientes é difícil e dispendiosa, especialmente em mercados maduros e altamente competitivos, envolvendo investimentos avultados, designadamente em campanhas publicitárias e em incentivos à força de vendas. Por esse motivo, modernamente a atenção das empresas tem-se voltado mais para a retenção dos clientes atuais e para a construção de relações duradouras e lucrativas, do que procurar conquistar novos clientes.

Baines e Fill (2011) sugerem que a abordagem tradicional do marketing enfatiza a importância do produto, baseia-se no conceito de marketing mix (4 P's) e reconhecem que alguns gestores e académicos consideram que é uma explicação inapropriada da forma como o marketing funciona. Modernamente, o marketing tende mais a ser visto em termos de interações com os consumidores, enfatizando a importância do serviço ao cliente. O **marketing tradicional** coloca a ênfase no marketing mix e nas transações individuais, enquanto o **marketing relacional** coloca a ênfase no processo de identificar, estabelecer e manter relações duradouras e lucrativas com os clientes (Figura 1.15):

Figura 1.15 Marketing Tradicional e Marketing Relacional

No mesmo sentido, Dibb et al. (2006) definem a era do marketing relacional como o período atual em que o foco não está apenas na simples transação individual, mas na construção e desenvolvimento de relações duradouras e lucrativas com os clientes e na construção de redes de marketing.

O marketing relacional distingue-se do marketing de massas (*mass marketing*) nas seguintes caraterísticas:

Marketing de Massas	Marketing Relacional
Transações pontuais	Transações contínuas
Ênfase no curto prazo	Ênfase no longo prazo
Comunicação unilateral	Comunicação bilateral (colaboração)
Foco centrado na venda	Foco centrado na retenção do cliente
Partilhar o mercado	Partilhar a mente do cliente

O objetivo do marketing relacional é criar valor a longo prazo para os clientes, sendo a medida do sucesso de marketing o grau de satisfação dos clientes. O marketing relacional exige que todos os departamentos da organização trabalhem em conjunto para o mesmo objetivo, que é servir o cliente e criar um clima de satisfação e lealdade do cliente.

Para terem sucesso, as organizações devem identificar os clientes com os quais é vantajoso desenvolver relações de longo prazo, a fim de intensificar o volume de negócios e aumentar a rendibilidade.

Business Intelligence

Business Intelligence (BI) ou *Competitive Intelligence* (CI) é um programa baseado nas novas tecnologias de informação, que permite obter informação sobre os concorrentes e tirar conclusões que ajudam os gestores a tomar decisões que melhorem a eficiência, a satisfação e lealdade dos clientes e aumentem as vendas e os resultados. É uma das áreas de maior desenvolvimento do marketing estratégico.

Estudos indicam que há uma relação forte entre o desempenho da empresa e as atividades de *business intelligence*. Segundo Badr, Madden e Wright (2006), a primeira razão para dispor de um programa de *business intelligence* é tomar consciência e conhecimento sobre a indústria, apoiar o processo de planeamento estratégico e desenvolver novos produtos, novas estratégias e novas táticas de marketing.

Business intelligence inclui software como *data mining*, que pesquisa e analisa dados de múltiplas fontes, internas e externas à organização, para identificar padrões de desempenho e de qualidade total e relações que podem ser importantes para a organização, bem como análises estatísticas e relatórios sobre áreas específicas da organização.

A aplicação *business intelligence* pode ajudar os gestores a otimizar os resultados, adequando o mix de produtos às necessidades do mercado, a evitar arquivos desnecessários de informação e a detetar deficiências na organização, como defeitos na produção e possíveis fraudes.

São várias as fontes de *competitive intelligence*. Muitas empresas recorrem a organizações exteriores para obter dados e informações sobre a envolvente externa. As informações sobre as condições do mercado, as normas e regulamentos governamentais, os concorrentes na indústria e novos produtos podem ser obtidas através de empresas especializadas (*brokers*).

Algumas empresas criam as suas próprias bases de dados e sistemas de informação computadorizados para gerir o manancial de informação disponível. Outras recorrem à *internet*, que é uma forma rápida de obter informações sobre a envolvente dos negócios. Outras ainda escolhem a espionagem industrial para obter informação sobre os concorrentes, tecnologias, planos de negócio e estratégias de preço.

A principal atividade de *business intelligence* consiste em monitorizar os concorrentes, que são empresas ou organizações que oferecem os mesmos produtos ou serviços, produtos ou serviços similares ou produtos ou serviços substitutos na área de negócio em que a empresa opera.

Marketing Digital

Marketing digital é uma tendência do mundo contemporâneo. As iniciativas de marketing digital incluem o desenvolvimento de sites, campanhas publicitárias e vendas em formato digital. Muitos negócios podem hoje fazer-se por um processo digital, sem necessidade de dispor de um espaço físico para o efeito.

O **negócio eletrónico** (*e-business*) refere-se ao trabalho que uma organização faz, por via eletrónica, com os seus clientes, parceiros, fornecedores, colaboradores e outros *stakeholders*, designadamente através da *internet*. As organizações que usam meios eletrónicos para comunicar com os seus clientes ou com os colaboradores fazem comércio eletrónico. Abarca o desenvolvimento do produto, marketing, vendas e as formas pelas quais os produtos ou serviços são distribuídos aos clientes

O **comércio eletrónico** *(e-commerce)* é uma parte do e-business e refere-se ao uso da internet e outros meios eletrónicos para efetuar transações comerciais desde os clientes aos fornecedores. São três os tipos de *e-commerce*: ***Business-to-Consumer* (B2C)**, ***Business-to-Business* (B2B)** e ***Consumer-to-Consumer* (C2C)** (Figura 1.16):

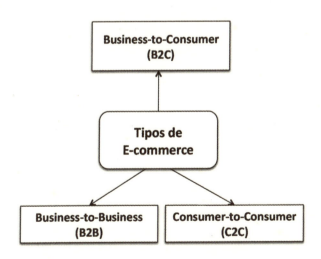

Figura 1.16 Tipos de E-Commerce

As relações *Business-to-Consumer (B2C)* referem-se à venda de produtos ou serviços aos consumidores finais através da internet, como é o caso da Amazon, Expedia, La Redoute. As relações *Business-to-Business* (B2B) referem-se a transações eletrónicas entre organizações. Apesar do *Business-to-Consumer* (B2C) ser provavelmente o mais visível, o *Business--to-Business* (B2B) assume hoje uma importância crescente, podendo utilizar, para além da internet, sistemas eletrónicos privados de *e-commerce*.

A terceira área de *e-commerce* é o *Consumer-to-Consumer* (C2C), que acontece quando um negócio é efetuado através da *internet*, que atua como um intermediário entre consumidores. Acontece quando é criado um grande mercado eletrónico, onde os consumidores podem comprar e vender diretamente a outros consumidores sem intermediários, fazendo praticamente toda a transação via *internet*. São os casos do eBay ou do OLX. Outra área em grande crescimento do C2C é o *Peer-to-Peer* (P2P), que consiste em redes de partilha de ficheiros, como são os casos do iTunes e Grokster, entre outros, que facultam tecnologia para troca online de músicas, filmes e outros ficheiros.

Marketing Direto

Marketing direto (*direct marketing*) envolve a interação entre os clientes individuais e o vendedor. É a forma de marketing que apresenta um maior crescimento. No passado, o marketing direto era largamente dominado pelo correio e pelo telefone. Com o desenvolvimento das novas tecnologias, hoje em dia o marketing direto refere-se a todas as formas de comunicações online, que inclui o uso de todas as formas de venda não pessoal, como a venda por catálogo, telemarketing, mail direto, websites, televisão interativa, comunicações por telemóvel e internet, para fazer chegar os produtos ao conhecimento dos consumidores, que depois compram por email, telefone ou internet. Os produtos e serviços oferecidos vão desde roupas, livros, CD's, vinhos, serviços financeiros, reservas de hotéis, viagens por caminho de ferro e viagens aéreas.

As principais caraterísticas do marketing direto são:

- Ausência de contacto face a face.
- Uso *online* ou *offline* dos media para estabelecer comunicações *one-to-one* e realizar transações.
- Facilidade de medir as respostas às comunicações.
- Uso de base de dados (*database*) para selecionar o público alvo (*target*).

O marketing direto pode ser usado tanto no *business to consumer* (B2C) como no *business to business* (B2B), embora com finalidades diferentes. No marketing B2C o marketing direto tem como objetivo principal concretizar a venda, ao passo que no marketing B2B, o marketing direto é essencialmente um indutor de compra, sendo a venda concluída pelo vendedor quando o cliente mostrar interesse.

O marketing direto tem vantagens para os compradores, porque é conveniente, é fácil e é privado. No marketing direto não há horários de encerramento e o consumidor não necessita de se deslocar à loja, enfrentar o trânsito e ter que arranjar parque para estacionamento da viatura, pode consultar os catálogos e as caraterísticas do produto livremente em sua casa sem perder tempo com o vendedor. É fácil porque dá acesso a um número ilimitado de artigos em qualquer parte do mundo. É privado porque no conforto da sua casa pode fazer as compras que entender sem intervenção de outras pessoas.

Para os vendedores, o marketing direto tem também grandes vantagens. É uma ferramenta poderosa para construir relações com os clientes. Usando bases de dados, os *marketers* podem direcionar a mensagem ao público alvo e medir os resultados. Fica a saber quem é o cliente, o que comprou no passado e pode fazer recomendações de novas compras com base nas compras que fizeram clientes similares. Por exemplo, a Amazon sabe quem é o cliente, onde se situa, o que comprou no passado e sugere a compra de outros artigos que outros compradores fizeram.

A natureza *one-to-one* do marketing direto facilita às empresas interagir com os seus clientes por e-mail, telefone ou online, saber mais sobre as suas necessidades e ajustar os produtos ou serviços à medida dos gostos específicos dos consumidores. O marketing direto tem ainda a vantagem para os vendedores de ser barato, eficiente e rápido.

Com as novas tecnologias, as organizações podem hoje contactar com os seus clientes a toda a hora, onde quer que se encontrem e sobre qualquer assunto. Como o uso de telemóveis está generalizado em todo o mundo, os *marketers* de todos os setores vêm o telemóvel como um novo grande meio de marketing direto, recorrendo a mensagens SMS e mensagens multimédia (MMS) para contactar os consumidores, com anúncios, promoções, atribuição de prémios e descontos.

Por outro lado, os *marketers* de uma grande variedade de setores, incluindo automóveis, viagens, telecomunicações e serviços financeiros, estão cada vez mais a usar a televisão interativa para enviar mensagens e informações para consumidores alvo. A TV interativa dá aos *marketers* a oportunidade de atingir consumidores alvo de uma forma mais envolvente. As audiências são estimuladas a interagir diretamente com a empresa através de um simples ato de pressionar um botão do seu comando.

O telemóvel, os *podcats (download* de ficheiros audio da internet para um iPod*)*, *os vodcasts (download* de ficheiros video da internet para um iPod)* e a TV interativa oferecem excelentes oportunidades de marketing direto, mas os *marketers* devem usar estes instrumentos com parcimónia e oferecer reais vantagens aos consumidores, caso contrário correm o risco de ter efeitos negativos sobre os consumidores, por considerarem invasão das suas vidas privadas.

Marketing Social

O **marketing social** foi desenvolvido por Philip Kotler em 1971 para "descrever o uso de princípios e técnicas de marketing para a promoção de uma causa, de uma ideia ou de um comportamento social". Desde então o marketing social tem vindo a ganhar relevância, considerando-se hoje uma estratégia de mudança de comportamento organizacional e uma ferramenta de marketing que pode ser utilizada por todos os setores da economia para promover a transformação social e acrescentar valor ao produto ou serviço, à imagem ou à marca de uma organização.

O marketing social tem como objetivo principal acrescentar valor à marca de determinada organização ou produto por meio da promoção de ações sociais, culturais, desportivas ou ambientais. Enquanto o marketing de negócios procura transmitir as vantagens de um produto ou serviço ou os méritos de uma marca, o marketing social está relacionado com a responsabilidade social das organizações e tem como objetivo contribuir para uma imagem positiva da organização, através da promoção de ações de caráter social.

Esta nova abordagem de marketing parte do princípio de que os consumidores desenvolvem uma atitude positiva em relação à organização e aos seus produtos se a considerarem uma organização responsável perante a sociedade, solidária e amiga do ambiente.

Resumo do Capítulo

Este capítulo teve como objetivo introduzir os principais conceitos de marketing e enfatizar a sua importância no desempenho das organizações modernas. O processo de marketing começa com a recolha e tratamento da informação sobre os clientes, os concorrentes, a organização e o contexto onde desenvolve as suas atividades, com vista a adequar o produto ou serviço às necessidades e desejos do consumidor.

Foram apresentados os fundamentos do comportamento do consumidor, bem como a forma como as organizações segmentam o mercado, selecionam o público-alvo e se posicionam no mercado.

Finalmente, o capítulo termina com a abordagem das novas tendências de marketing, nomeadamente marketing relacional, business intelligence, marketing digital, marketing digital, o marketing direto e o marketing social.

Questões

1. Explique a evolução do conceito de marketing e destaque a importância do foco no cliente.
2. Quais as forças do micromarketing relevantes no setor do Vinho do Porto? Justifique.
3. Identifique e explique as cinco forças que constituem o ambiente do *macromarketing*.
4. Descreva as principais forças do macromarketing que afetam ou podem afetar as vendas de Vinho do Porto? Sugira formas como o setor pode responder aos fatores externos.
5. O que é pesquisa de marketing?
6. Imagine que é o responsável de marketing de uma empresa que produz shampoo que está pronta a lançar um novo shampoo mas há incerteza sobre quem o vai comprar. É útil elaborar um estudo de pesquisa de mercado? Deve atrasar o lançamento do produto?
7. Descreva os fatores que influenciam o comportamento de compra do consumidor.
8. Que dados são necessários recolher sobre o comportamento do consumidor num processo de pesquisa de marketing no mercado do vinho? Justifique.
9. São os mercados industriais fundamentalmente diferentes dos mercados de consumo?
10. Explique como as empresas do Vinho do Porto identificam segmentos de mercado atrativos e como escolhem uma estratégia de *targeting*?
11. Que critérios podem ser usados para determinar os segmentos de mercado?
12. Em que consiste o marketing relacional? Porque é hoje tão popular?

13. Defina marketing direto e indique quais os benefícios para os consumidores e para os vendedores?
14. Identifique a principais formas de marketing direto.
15. Como as empresas podem usar o marketing direto para criar mais valor para os clientes?
16. Quais as principais tendências contemporâneas do marketing?

Capítulo 2
Estratégias de Marketing Mix

Este capítulo tem como objetivo apresentar as estratégias de marketing-mix, que englobam as políticas de produto, de preço, de distribuição e de promoção e comunicação. Trata-se de uma área de primordial importância para os marketers, na medida em que de nada vale ter-se um bom produto ou um bom serviço se não se fizer chegar ao conhecimento ou ao contacto com o consumidor. Na primeira parte deste capítulo destacamos o conjunto de ações a desenvolver no âmbito do marketing operacional com o objetivo de criar valor para os clientes e realçamos que é importante atuar ao nível de todas as variáveis do marketing mix, uma vez que cada uma delas desempenha um papel vital e estimula o impacto geral do produto ou serviço no consumidor.

Na segunda parte, com o objetivo de alargar as estratégias de marketing aos serviços, apresentamos a extensão dos 4 P's para 7 P's - *People* (Pessoas), *Physical Evidence* (Aparência Física) e *Process* (Processo) – e, tendo em vista acompanhar a evolução da moderna tendência do marketing da ótica do vendedor para a ótica do consumidor, apresentamos o modelo de Kotler, que preconiza a substituição dos 4 P's por 4 C's - *Customer Value* em vez de *Product*, *Cost* em vez de *Price* e *Convenience* em vez de *Place*.

Depois de ler e refletir sobre o capítulo, o leitor deve ser capaz de:

- Explicar o conceito de marketing-mix.
- Explicar o objetivo do marketing e identificar os componentes do *marketing-mix*.
- Perceber a importância das quatro variáveis básicas do marketing-mix.
- Compreender e saber aplicar as estratégias de fixação de preços de novos produtos.
- Compreender e saber aplicar as estratégias de distribuição dos produtos.
- Compreender as formas e a importância dos canais de marketing.
- Perceber a importância e o papel da força de vendas
- Perceber como a comunicação influencia o comportamento do consumidor.
- Compreender o papel da publicidade e das relações públicas como forma de comunicação.

Marketing Mix

As estratégias de marketing-mix consistem no conjunto de ações que uma organização deve desenvolver com o objetivo de criar valor para os seus clientes, através da atuação ao nível das quatro variáveis, designadas por 4 P's, para produzir a resposta que deseja no mercado alvo (Figura 2.1):

1. **Produto (*Product*)** – consiste no desenvolvimento de um produto ou serviço que satisfaça as necessidades do cliente.

2. **Preço (*Price*)** – consiste na definição de uma política de preços que incentive a compra do produto por parte do consumidor, com lucro para a empresa.
3. **Distribuição (*Place*)** – consiste na escolha de um sistema de distribuição que permita que o produto chegue ao consumidor.
4. **Promoção (*Promotion*)** – consiste no desenvolvimento de uma campanha de comunicação que transmita o valor do produto ao consumidor.

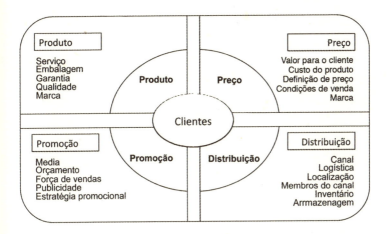

Figura 2.1 *Marketing-Mix*

Ao conjunto destas variáveis chama-se marketing mix. É importante na política de marketing atuar ao nível de todas as variáveis, uma vez que cada uma delas desempenha um papel vital e estimula o impacto geral. Vamos desenvolver cada uma destas variáveis e particularmente a forma como podem afetar a atuação da organização ao nível da política de marketing.

Produto

A estratégia de marketing-mix começa com o produto, já que sem ele não faz qualquer sentido tomar decisões sobre o preço, canais de distribuição ou promoção. O produto pode definir-se como um bem ou um serviço destinado a satisfazer uma necessidade do cliente. Conceber ou desenvolver novos produtos é um desafio constante dos responsáveis de marketing, que devem ter em conta o fator de mudança que estiver presente, como a tecnologia, as mudanças nos gostos e necessidades dos clientes e as alterações das condições económicas.

A política de produto não diz respeito apenas às suas caraterísticas intrínsecas, mas também a outros aspetos, tais como, o *design*, a marca, a embalagem, os serviços associados e a política de gama. Neste sentido, o conceito de produto está relacionado com os benefícios percebidos pelo cliente quando realiza uma compra. Os benefícios do produto podem ser de três categorias:

- **Benefícios funcionais** – dizem respeito às funções específicas esperadas do produto.
- **Benefícios sociais** – referem-se aos valores que estão associados ao consumo de um bem ou à utilização de um serviço.
- **Benefícios psicológicos** – correspondem às necessidades pessoais que se procuram satisfazer com o consumo do bem ou serviço.

As caraterísticas intrínsecas referem-se aos atributos tangíveis e intangíveis, que podem agrupar-se em três grandes categorias:

- **Fórmula do produto** – descrição técnica dos componentes do produto.
- **Desempenho** – caraterísticas observáveis pelos clientes quando os estão a consumir.
- **Qualidade do produto** – é o grau em que o seu desempenho corresponde às expectativas que o cliente tem sobre o produto.
- **Vantagem do produto** – caraterística intrínseca distintiva do produto relativamente aos concorrentes. Deve possuir quatro caraterísticas:
    - Corresponder a uma verdadeira expectativa dos clientes.
    - Ser facilmente perceptível pelos consumidores.
    - Não provocar um aumento do preço de venda que seja inibidor da compra.
    - Não possa ser facilmente copiado pelos concorrentes.

O *design* tem a ver não só com o aspeto visual exterior, mas também com a facilidade e segurança de utilização e ainda com a simplicidade e economia de produção e distribuição.

Um outro aspeto muito importante na política do produto refere-se à gestão da marca. A marca constitui o elemento comum identificador do produto. A identidade da marca carateriza-se pelas seguintes aspetos:

- Nome
- Embalagem e *design*
- Componentes
    - Logotipo
    - Símbolos

- Assinatura
- Códigos gráficos

A marca desempenha as seguintes funções:

- Identificação
- Qualidade
- Segmentação
- Imagem
- Satisfação pessoal/benefícios
- Lealdade

A embalagem é o conjunto de elementos materiais que, sem fazer parte do próprio produto, são vendidos com ele, com o fim de permitir ou facilitar a sua proteção, transporte, armazenagem, apresentação, identificação e utilização pelos consumidores.

Funções da embalagem:

- **Técnicas**
  - Proteção e conservação do produto.
  - Comodidade de utilização.
  - Facilidade de transporte, armazenagem, arrumação e eliminação.
  - Proteção do ambiente.
- **Comunicação**
  - Impacto visual.
  - Reconhecimento – cor, grafismo, carateres originais, material particular ou forma original.
  - Identificação – light, aromas, etc..
  - Expressão do posicionamento – evocar os traços marcantes do produto.

- Informação ao consumidor.
- Criar impulso de compra.

Os serviços associados são o conjunto de serviços ligados ao produto que, não constituindo parte integrante do produto, contribuem para o valorizar aos olhos do consumidor e facilitar a sua compra. São serviços associados, por exemplo, os seguros, o transporte do produto a casa do cliente, a montagem, as reparações, o crédito, os quais assumem cada vez mais importância na gestão dos produtos. O conjunto do produto base e dos produtos e serviços associados é designado por **produto aumentado**.

A gama refere-se ao facto de as empresas poderem fabricar produtos muito diversos. Se os produtos pertencerem a diferentes classes, então cada uma dessas classes constitui uma gama de produtos. Exemplo: a Marlboro produz cigarros, que é o seu produto base, mas produz também roupa. São duas gamas distintas.

As gamas podem ser definidas em torno de:

- Uma mesma tecnologia
- Um mesmo negócio
- Um mercado
- Um segmento de mercado

A dimensão da gama baseia-se em noções de preço e qualidade (relação preço/qualidade), distinguindo-se as seguintes gamas:

- **Gama baixa** – baseia-se em estratégias de baixo custo para facilitar a entrada no mercado.

- **Gama média** – baseia-se em estratégias de preços apelativos ou referências ligadas à imagem.
- **Topo de gama** – topo de gama de um produto não é necessariamente produtos de luxo.
- **Produtos de luxo** – neste tipo de produtos a imagem é determinante e a comunicação assenta mais nas relações públicas e no passa-palavra do que na publicidade. A difusão destes produtos é restrita e o controlo da distribuição é primordial. Os mercados de luxo são geralmente internacionais, pelo que se pratica o marketing global.

Preço

A segunda componente do marketing mix é a determinação do preço a pagar pelo consumidor. O preço é a soma dos valores que o consumidor está disposto a pagar pelo benefício de possuír ou usufruir um produto ou serviço. O preço é uma variável estratégica extremamente importante do marketing mix, porque reflete o posicionamento da empresa e a imagem do produto no mercado e tem um impacto direto nas decisões de compra dos consumidores e nos objetivos da empresa.

O preço vai determinar a importância do segmento a atingir e a natureza das reações da concorrência. Idealmente, os responsáveis de marketing pretendem ser proativos na fixação dos preços em vez de reagirem ao mercado, mas o preço é uma variável que parece ter sido negligenciada relativamente às outras variáveis do marketing mix, não porque os responsáveis do marketing negligenciem a política de preços, mas porque, muitas vezes, têm uma margem de manobra muito limitada, porque depende da concorrência e das condições do mercado.

A estratégia de preço é determinada pela estratégia da empresa, mas está condicionada por fatores internos e externos, como os custos, a procura e a concorrência, que limitam a capacidade de atuação dos gestores:

1. **Fatores externos** – procura, fornecedores, distribuidores e fiscalidade.
2. **Fatores Internos** – custos de produção, margens de comercialização pretendidas e nível de rendibilidade exigida pelos sócios ou acionistas.
3. **Grau de sensibilidade dos consumidores ao preço** – de acordo com os produtos e o momento de compra.
4. **Importância do mercado** – mercado atual e mercado potencial para um determinado preço.
5. **Estratégia dos concorrentes** – grau de rivalidade e nível de intensidade competitiva da indústria ou setor.

Antes de decidirem o nível de preços a praticar, os gestores devem ponderar o impacto potencial que podem provocar ao nível das vendas e dos resultados. São várias as estratégias a que podem recorrer para determinação dos preços, como os preços fixados com **base nos custos** (preço de venda = custo das vendas + margem de lucro) ou preços **baseados no valor** (o preço é baseado nas perceções do valor do produto por parte do cliente), que podem ser usadas separadamente ou em conjunto (Figura 2.2):

Figura 2.2 Teorias de Fixação de Preços

De acordo com a teoria baseada nos custos, são os custos que determinam os preços. A partir do desenho do produto e dos custos de produção determina-se o preço a praticar, acrescentando a margem de lucro. Segundo a teoria de preços baseada no valor, é o valor do produto percebido pelo cliente que determina o preço, a partir do qual se monta uma estrutura de custos condizente para se desenhar o produto final.

Relativamente aos produtos existentes, a empresa pode adotar três estratégias diferentes na fixação dos preços:

1. Preços **acima dos preços do mercado** para produtos semelhantes, na assunção de que preços altos significam melhor qualidade.
2. Preços **abaixo dos preços do mercado** oferecendo um produto de qualidade comparável ao produto mais caro dos concorrentes.
3. Preços **muito próximos dos preços do mercado**.

Quando as empresas lançam um novo produto no mercado defrontam-se com um problema de posicionamento do produto *versus* produtos concorrentes, em termos de qualidade e preço. Na fixação dos preços, as empresas podem seguir duas estratégias: fixação de **preço por desnatação** *(skimming)* ou fixação de preço por **penetração no mercado** *(penetration)* (Figura 2.3):

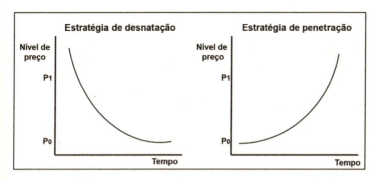

Figura 2.3 Estratégias de Fixação dos Preços

As estratégias de preço por **desnatação** consistem em praticar preços altos para se obterem receitas iniciais mais elevadas. Como tal, dirigem-se aos segmentos mais altos do mercado, podendo posteriormente reduzir o preço e atingir progressivamente outros segmentos. Esta estratégia de preço só deve ser utilizada se a qualidade e imagem do produto forem elevadas e se os concorrentes não conseguirem lançar no mercado produtos idênticos com preço mais baixo.

Na estratégia de preço por **penetração** praticam-se preços baixos no início para entrar no mercado rapidamente, conseguindo um elevado número de compradores e conquistando grandes volumes de vendas. Esta estratégia de preço só deve ser utilizada se o mercado tiver grande sensibilidade ao preço, isto é, se pequenas descidas de preço provocarem elevados aumentos de vendas, se os custos unitários de produção e distribuição diminuirem à medida que o volume de vendas aumenta e se a concorrência tiver dificuldade em acompanhar os custos baixos de produção e/ou de distribuição.

Distribuição

O terceiro componente do marketing mix é a distribuição, que consiste no estudo da melhor forma de fazer chegar os produtos aos consumidores. A distribuição dos produtos ou serviços é feita através dos canais de distribuição, que são os meios pelos quais os produtos ou serviços saem das instalações das organizações e chegam aos consumidores para utilização ou consumo.

A política de distribuição implica a tomada de decisão nos seguintes aspetos, dependendo da estratégia de marketing da empresa, das caraterísticas do mercado, das caraterísticas dos produtos, das caraterísticas da concorrência e das capacidades da empresa:

- Funções e objetivos dos canais de distribuição.
- Tipo de canais.
- Número de pontos de distribuição a nível grossista e retalhista.
- Regras de gestão dos canais.

A distribuição diz respeito à conceção e gestão do itinerário percorrido por um produto ou serviço, desde a produção até ao consumo. Pode ser feita de diversas formas, consoante o tipo de produto (Figura 2.4):

- **Distribuição direta** – a distribuição é feita diretamente do produtor ao consumidor final, sem recurso a intermediários.
- **Distribuição indireta** – a distribuição é feita com recurso a intermediários, como grossistas, retalhistas, agentes ou *brokers,* que são um conjunto de indivíduos ou organizações que comercializam os produtos fabricados pelo produtor e os fazem chegar ao consumidor final.
- **Sistemas verticais integrados de distribuição** – a distribuição é feita através de circuitos integrados e controlados pelo produtor em cooperação com os distribuidores.
- **Sistemas horizontais de marketing** – a distribuição é feita através de alianças entre empresas que trabalham ao mesmo nível no mesmo setor.

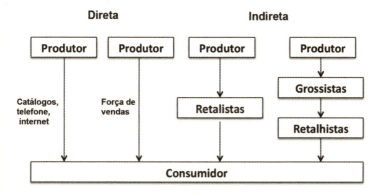

Figura 2.4 Canais de Distribuição

Os canais de distribuição podem ser grossistas ou retalhistas. Os **grossistas**, por norma, vendem aos retalhistas que, por sua vez, vendem ao consumidor final. São vários os tipos de grossistas, como os armazenistas, as cooperativas, *cash and carry* e agentes (*brokers*), que não têm a posse dos produtos, limitando-se a estabelecer a ligação entre os compradores e os vendedores.

De igual modo, são também várias as formas de canais **retalhistas**, como as lojas de retalho, as cadeias de distribuição, o *franchising*, as cooperativas de consumidores e as máquinas de venda de tabaco, bebidas e produtos alimentares (*vending*), o porta a porta, as encomendas por correio ou telefone e o comércio eletrónico pela internet (*e-commerce*).

Finalmente, a distribuição pode ser feita através da **força de vendas** do próprio produtor. A força de vendas é o conjunto das pessoas que têm como missão principal vender ou fazer vender os produtos da empresa, por meio de contactos diretos com os potenciais clientes, distribuidores ou prescritores.

A formulação de um programa de vendas depende da estratégia de distribuição, que está condicionada pelos seguintes fatores:

1. **Papel da força de vendas** – depende do tipo de produto e da estratégia de promoção e distribuição seguida (Figura 2.5):
    i. **Estratégia** *push* – a empresa "empurra" o produto até aos revendedores que, por sua vez, "empurram" até aos consumidores. O papel da força de vendas é muito importante.
    ii. **Estratégia** *pull* – a empresa promove diretamente o produto junto dos consumidores finais, através de campanhas de publicidade e promoções,

criando um vácuo na procura que "puxa" o produto através do canal.
2. **Dimensão da força de vendas** – número de vendedores.
3. **Alocação da força de vendas** – por áreas geográficas, tipo de clientes, tipo de produtos, tipo de funções.
4. **Gestão dos clientes** – número de visitas, tempo por visita, pessoas a abordar, materiais a apresentar, margem de manobra nas negociações, etc.
5. **Avaliação económica** – custo da força de vendas versus resultados a obter.

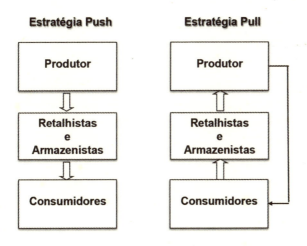

Figura 2.5 Estratégias *Push* e *Pull*

Promoção e Comunicação

A política de promoção é outra componente importante do marketing-mix e diz respeito à forma como o produto ou serviço chega ao contacto ou ao conhecimento do consumidor. Não basta produzir e distribuir o produto; é necessário que os consumidores o conheçam e lhe atribuam mais valor do que os produtos concorrentes.

Promoção e comunicação são o conjunto dos sinais emitidos pela empresa em direção aos seus clientes, distribuidores, líderes de opinião, prescritores e outros alvos. A comunicação pode destinar-se a promover os produtos da empresa (comunicação de produtos) ou a imagem da empresa no seu conjunto (comunicação institucional). As funções da comunicação são influenciar o processo de decisão de compra e influenciar o comportamento do consumidor.

São vários os meios que a empresa pode utilizar para promover a comunicação de um produto, como a publicidade, a promoção de vendas, as relações públicas e as vendas pessoais. A este conjunto de ferramentas promocionais designa-se por **mix de comunicação.**

O planeamento da comunicação procura dar resposta às seguintes interrogações básicas do processo de comunicação:

- Quem comunica?
    - Que fontes de comunicação? – publicidade, produtos, dirigentes, pessoal da empresa, jornalistas, distribuidores, associações de consumidores, grupos de pressão, etc.
    - Quais as fontes que dominamos e quais as que não dominamos?

- Quais as imagens no mercado destas fontes e qual o seu impacto?

- A quem comunicar?
    - Quais são os alvos?
    - Qual o centro do alvo?
    - A comunicação está suficientemente dirigida?
    - Quem são os líderes?
    - O público atingido pela mensagem será importante?

- O que comunicar?
    - Que mensagem pretendemos transmitir? É compreendida?
    - Como comunicar?
    - Através de que canal ou canais vamos comunicar?
    - Os canais transportam bem a mensagem? Valorizam-na?

- Com que resultado?
    - Os objetivos da comunicação são atingidos?
    - Como explicar os desvios?
    - O que modificar para ser mais eficaz?

São as seguintes as condições para uma boa comunicação:

- Ser simples:
    - Repetição e redundância (dizer a mesma coisa de diferentes maneiras).
    - Continuidade e duração.

- Haver uma política coerente de comunicação a nível global (institucional, produtos, publicidade, promoções, *merchandising*, etc.).
- Obrigação de verdade (a verdade do produto, a verdade da empresa e a verdade dos consumidores).
- Utilizar um mix de comunicação:
  - Publicidade.
  - Promoções.
  - Força de vendas.
  - Relações públicas.
  - Comunicação informal (boca a boca).

A **publicidade** é uma forma paga de comunicação, através da qual se transmitem mensagens e anúncios orais ou visuais destinadas a informar e influenciar os consumidores alvo, utilizando o espaço e tempo dos diversos meios de comunicação disponíveis. Engloba a transmissão de mensagens utilizando os seguintes meios:

- *Media* – televisão, revistas, jornais, rádio, catálogos.
- *Marketing direto* – venda *one-to-one* não personalizada, através de um conjunto de atividades de promoção que pode envolver publicidade, promoções e ações de venda, que chegam ao cliente final sem intervenção de um canal intermediário (*direct mail*, catálogos, *outdoors*, telemarketing, compras por rádio, televisão, internet, etc.).
- *Nos locais de venda – merchandising.*

A publicidade tem os seguintes objetivos:

- Aumentar a notoriedade da empresa e dos produtos.
- Informar os consumidores.
- Persuadir à compra.
- Suscitar simpatia pela marca.
- Gerar emoções, desejo, sonho.
- Diferenciar em relação à concorrência.
- Diminuir o risco e esforço de compra.

Na escolha dos canais de comunicação mais adequados, utilizam-se vários indicadores:

- Acessibilidade – facilidade de acesso, disponibilidade.
- Exposição ou cobertura – percentagem de pessoas pertencentes ao alvo que estão expostas àquele meio de comunicação.
- Circulação – tiragem do meio de comunicação.
- Audiência – número de indivíduos com pelo menos uma exposição à mensagem (a audiência de uma revista é maior que a sua circulação).
- Adequação à mensagem.
- Penetração – proporção da população exposta a um determinado meio de comunicação.
- Frequência – número médio de vezes que a população é exposta à publicidade durante o mesmo período de tempo.

As **promoções de vendas** são outro veículo utilizado na comunicação com os consumidores, que utiliza os canais de distribuição para promover os esforços de marketing da organização. São técnicas de comunicação que consistem em associar a um produto uma vantagem temporária, destinada a facilitar ou a estimular a sua utilização, a sua compra e a sua distribuição.

Consoante os destinatários (consumidores, distribuidores ou rede de vendas), as promoções podem incluir diversas técnicas:

- Experimentação gratuita – oferta de amostras grátis, degustação e demonstração do produto.
- Reduções temporárias de preço – descontos no preço de venda ao consumidor, reembolso diferido contra apresentação de provas de compra, desconto de quantidade, oferta de *coupons*.
- Prémios, ofertas, brindes.
- Concursos, jogos e sorteios.
- Pôr em destaque o poduto – operação temporária de *merchandising*.
- Descontos e oferta de produtos aos distribuidores.
- Feiras e exposições.
- Atividades nos pontos de venda.

As **relações públicas** são uma forma de comunicação com o objetivo de estabelecer relações de confiança entre a organização e os seus públicos. Em qualquer organização, as relações públicas têm os seguintes objetivos:

- Aumentar a credibilidade da empresa, dos produtos e dos serviços.
- Manter os colaboradores informados.
- Criar sentimento de pertença.
- Gerar partilha de valores.
- Melhorar a imagem da empresa e das suas marcas.

- Cria ou melhorar a notoriedade.
- Desenvolver uma atmosfera de confiança com os orgãos de comunicação social.
- Prevenir ou minimizar o impacto de eventuais crises.
- Atrair os investidores.
- Criar boas relações de vizinhança com a comunidade local.

Este veículo de comunicação pode assumir diversas formas, podendo incluir algum ou alguns dos seguintes meios:

- Conferências de imprensa.
- Contactos pessoais.
- Realização de eventos.
- Publicações.
- Patrocínios.
- Mecenato cultural, desportivo ou social.
- Atividades de serviço público.
- Outros – jornadas abertas, visitas às instalações, livros técnicos e científicos, etc.

Mas não é apenas por intermédio das ferramentas referidas que se promovem os produtos ou serviços. Há outros fatores que transmitem uma imagem da empresa e comunicam, como a qualidade das instalações, o comportamento dos empregados e as intervenções públicas dos seus dirigentes.

Além destas formas tradicionais, há ainda o **boca a boca** (*word-of-mouth*) que é uma forma eficaz de comunicar um produto ou uma organização. Um produto considerado bom, ou uma experiência positiva relativamente a um produto, tende a ser comentado com outros potenciais consumidores. O mesmo se passa relativamente a produtos com fraca qualidade ou a experiências negativas relativamente a serviços prestados. Neste caso, o efeito do boca a boca é ainda pior, já que é mais fácil um cliente insatisfeito relatar a sua experiência negativa do que um cliente satisfeito comentar a sua experiência positiva. Em ambos os casos, o boca a boca afeta as vendas e os resultados da empresa.

Extensão dos 4 P's para 7 P's e dos 4 P's aos 4 C's

As estratégias de marketing mix que desenvolvemos nos pontos anteriores — produto, preço, distribuição e comunicação — aplicam-se fundamentalmente a produtos tangíveis e a dois tipos de clientes: os que compram artigos de consumo (consumidores) e os que compram produtos industriais (compradores). Por exemplo, os produtos que compramos no supermercado para consumo corrente ou os medicamentos que compramos na farmácia são todos **produtos de consumo,** isto é, produtos tangíveis que os consumidores adquirem para uso ou consumo pessoal. As empresas que vendem este tipo de produtos aos consumidores para consumo pessoal estão envolvidas no **marketing B2C (Business-to-Consumer)**.

Mas o marketing também se aplica aos **produtos industriais**, isto é, produtos que são adquiridos por empresas para serem incorporados nos seus produtos. Por exemplo, um fabricante de eletrodomésticos adquire motores elétricos a outra empresa para incorporar nos seus aparelhos elétricos. As empresas que vendem produtos a outras empresas estão envolvidas no **marketing B2B (Business-to-Business)**.

Mas as estratégias de marketing aplicam-se também aos serviços, isto é, produtos intangíveis, como o serviço de um escritório de advogados ou os serviços prestados aos seus clientes por um banco ou uma companhia de seguros. O **marketing de serviços** é a aplicação das estratégias e das políticas de marketing aos serviços, destinado tanto aos mercados consumidores como aos mercados industriais.

O desenvolvimento da **economia de serviços** registado nos últimos anos levou a diversas mudanças nas políticas de marketing mix, incluindo o alargamento do modelo dos 4 P's ao modelo dos 7 P's com vista a ajustar o marketing às especificidades dos serviços (Booms & Bitner, 1981). Os 3 P's adicionais incluem:

- *People* (**Pessoas**) para ter em conta o papel dos colaboradores, desde os empregados ao diretor geral, na satisfação e lealdade do cliente.
- *Physical Evidence* (**Aparência Física**) para considerar o ambiente físico do serviço, quer no interior do estabelecimento quer no seu exterior.
- *Process* (**Processo**) para considerar a forma como o cliente é acompanhado nos primeiros contactos e no relacionamento pós-venda e a forma como o serviço é prestado.

Philip Kotler tem argumentado que os 4 P's, dado que estão orientados para as necessidades dos vendedores (ótica do vendedor), têm vindo a perder relevância em virtude do marketing se ter vindo a orientar fortemente para as necessidades dos clientes (ótica do comprador).

O modelo que Kotler desenvolveu está voltado para a criação de valor para o cliente, em vez de orientado para o produto. Daí preconizar, em vez dos 4 P's, um **marketing mix composto por 4 C's**:

- **Valor para o Cliente (*Customer Value*)** em vez de **Produto (*Product*)** – uma empresa só deve vender um produto que satisfaça as necessidades do cliente. Neste sentido, os *marketers* que pretendem lançar um produto devem estudar cuidadosamente os desejos e necessidades dos clientes.
- **Custo (*Cost*)** em vez de **Preço (*Price*)** – o preço não é o único custo que o consumidor incorre quando compra um produto. Há um custo de oportunidade, na medida em que se comprar aquele produto deixa de comprar outro.
- **Conveniência (*Convenience*)** em vez de **Distribuição (*Place*)** – o produto deve estar prontamente disponível para os consumidores quando dele precisam. Nesta perspetiva, os *marketers* que pretendem lançar um produto devem estudar cuidadosamente os desejos e necessidades dos clientes
- **Comunicação (*Communication*)** em vez de **Promoção (*Promotion*)** – a promoção é manipulativa, enquanto a comunicação é colaborativa. Os *marketers* devem ter como objetivo principal criar um diálogo construtivo com os potenciais clientes, baseado nas suas necessidades e desejos.

O marketing mix de serviços envolve o produto, o preço, a distribuição, a promoção, as pessoas, o processo e a evidência física. O marketing de serviços tem variáveis adicionais porque as caraterísticas de um serviço são diferentes das caraterísticas de um produto.

Resumo do Capítulo

Neste capítulo foram estudadas as ações que uma organização deve desenvolver tendo em vista a criação de valor para o cliente e a prossecução dos objetivos da organização, designadamente a forma como os gestores devem tomar decisões sobre as estratégias de marketing mix, como as políticas do produto, do preço, da distribuição e da promoção dos produtos ou serviços.

Questões

1. Identifique os quatro componentes do marketing-mix.
2. Qual a importância do preço para os esforços de marketing? Que fatores devem ser considerados na sua definição?
3. Que decisões têm que tomar os gestores na definição da política do produto?
4. O que são canais de distribuição? Que funções desempenham para a organização?
5. Explique o significado de distribuição e identifique os diferentes canais de distribuição.
6. Descreva o papel dos armazenistas e dos retalhistas na distribuição do produto.
7. Em que consiste a comunicação? Quais as fases do processo de comunicação?

Capítulo 3
Gestão da Relação com o Cliente (CRM)

Este capítulo tem como objetivo introduzir dois conceitos modernos de marketing: valor para o cliente e gestão da relação com o cliente (CRM). As mudanças rápidas nos hábitos e exigências dos consumidores, nos mercados, na tecnologia e nas funções de marketing, obrigam as empresas a estarem orientadas para o cliente e pra o mercado. Simultaneamente, há uma clara mudança do marketing orientado para o produto para o marketing orientado para o cliente. Por outas palavras, as empresas alteraram os seus processos e práticas no sentido de se alinharem com o conceito orientação para o cliente e o marketing desempenha um papel importante nesta alteração de postura ao facilitar as relações com os clientes. Daí a importância crescente da gestão da relação com o cliente (CRM).

Na primeira parte deste capítulo, vamos apresentar o conceito e a filosofia de gestão da relação com o cliente (CRM) para, de seguida, estudarmos a estratégia do CRM.

Depois de ler e refletir sobre o capítulo, o leitor deve ser capaz de:

- Explicar o conceito de gestão da relação com o cliente (CRM)

- Compreender o significado e a importância de *data wharehouse* e *dada mining* na gestão da relação com o cliente.
- Compreender o processo de *data mining*.
- Compreender as tecnologias CRM.
- Compreender os benefícios do CRM para as organizações.

Conceito de Gestão da Relação com o Cliente (CRM)

Inicialmente, as campanhas de marketing visavam principalmente aumentar a fidelização e lealdade do cliente ao produto ou serviço produzido pela empresa. A ideia era que, mais do que ter clientes leais, era que estivessem fidelizados e repetissem a compra, desenvolvessem ma larga margem de tolerância para aumentos de preço ou falhas da organização, o que significa que se tornavam cada vez mais rendíveis para a empresa. Acontece que, hoje em dia, mesmo os clientes leais tornam-se cada vez mais exigentes e discutem os preços e a qualidade dos produtos ou serviços. Ultimamente estes clientes leais custam cada vez mais à empresa e são mais fonte de custos do que de lucro.

Um papel importante do CRM é identificar os diferentes tipos de clientes e desenvolver estratégias específicas para interagir com cada um desses clientes. Exemplos dessas estratégias incluem o desenvolvimento de boas relações com os clientes mais rendíveis, localizar e captar novos clientes altamente rendíveis e procurar reduzir ou mesmo abandonar as relações com os clientes não rendíveis ou que geram mesmo prejuízos, para além de ocuparem imenso tempo com constantes reclamações e, pior ainda, contribuem para denegrir a imagem da empresa através de passa palavra (*word-of-mouth*).

O CRM pode definir-se como uma prática de marketing, que consiste na análise e utilização de bases de dados sobre os clientes, utilizando as novas tecnologias de comunicação, com o objetivo de determinar práticas e métodos que prolonguem e maximizam o valor do cliente.

A gestão da relação com o cliente tem muitas vantagens porque contribui para reduzir os custos, maximizar os rendimentos, obter maior rendibilidade dos investimentos, contribui para atrair e manter os clientes mais rendíveis.

Marketing Relacional e o Conceito de Valor do Cliente

Na abordagem do marketing tradicional, como não se podiam trabalhar todos os potenciais clientes, o mercado era segmentado com base nas necessidades dos consumidores nesses segmentos. Os produtos e serviços eram desenhados, manufaturados e expedidos no sentido de ir de encontro às necessidades dos segmentos. Contudo, com o desenvolvimento das tecnologias de informação e a melhoria e flexibilização das práticas produtivas, satisfazer necessidades de consumidores individuais (*marketing one-to-one*) tornou-se uma importante dimensão onde as empresas podem diferenciar os seus produtos e serviços e constituir fonte de vantagem competitiva relativamente aos seus concorrentes.

Os profissionais de marketing (*marketers*) compreenderam que as relações com os clientes individuais devem estar no centro da tomada de decisão. A este respeito, tem-se verificado uma clara viragem do marketing orientado para o produto para o marketing orientado para o cliente com vista a reter os melhores clientes e a aumentar os níveis de satisfação dos clientes. Tradicionalmente crê-se que a satisfação do cliente induz maior satisfação e que clientes satisfeitos proporcionam maiores lucros.

O conceito de valor do cliente é apedra angular do CRM. Refere-se ao valor económico para a empresa da relação com o cliente, expresso em termos de margem de contribuição, que é a diferença entre o preço praticado e o custo variável unitário ou de lucro líquido. O valor do cliente é um precioso instrumento para avaliar a eficácia das políticas de marketing. Uma empresa pode medir e optimizar o desempenho de marketing tendo sempre presente o valor do cliente nos seus processos de tomada de decisão.

O CRM como Filosofia de Gestão

Uma organização moderna não se define apenas pelo seu produto, mas também pelos seus clientes, podendo mesmo dizer-se que os clientes são o principal ativo de uma organização. Para vencerem, ou mesmo sobreviverem, em mercados altamente competitivos, como os que caraterizam os nossos dias, as empresas necessitam de uma nova filosofia de marketing. Devem procurar criar e manter relações de confiança com os seus clientes e não apenas produzir e vender produtos. As empresas devem ser proativas e anteciparem as necessidades e desejos dos clientes.

A gestão da relação com o cliente (***Customer Relationship Management – CRM***) é uma ferramenta de gestão transversal a toda a organização que, fazendo uso das novas tecnologias de informação, analisa e influencia o comportamento do cliente, com vista ao desenvolvimento de relações de longo prazo que contribuem para aumentar a captação, retenção e fidelização do cliente. É o processo estratégico de modelar as interações entre os clientes e a organização, de forma a mantê-los satisfeitos e maximizar o valor dos clientes para a organização.

O CRM é uma abordagem ou uma filosofia de gestão que enfatiza o valor do cliente e a importância de construir e desenvolver relações duradouras e lucrativas com os clientes, através de um melhor entendimento sobre as suas necessidades e expectativas (Figura 3.1):

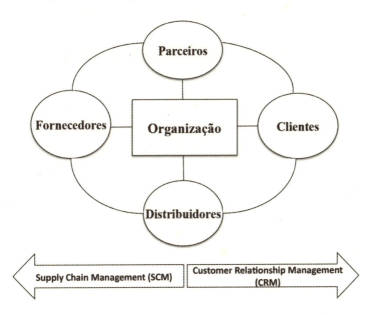

Figura 3.1 Gestão da Relação com o Cliente

O CRM proporciona à força de vendas a possibilidade de obter rapidamente informações sobre os clientes, identificar os clientes mais importantes e aumentar a fidelização do cliente ao oferecer-lhe produtos e serviços personalizados. Pode também facilitar a realização de *cross-selling* de produtos ou serviços adicionais a clientes existentes.

Mas para gerirem as relações com os seus clientes, as organizações necessitam de informação. A informação é escassa e está muitas vezes dispersa pelos vários departamentos da organização. Para ultrapassar estes problemas, cada vez mais empresas usam CRM para avaliar o valor de cada cliente, identificar os clientes mais valiosos para os tratar de uma forma mais personalizada e customizar os produtos ou serviços às suas necessidades específicas.

O recurso às novas tecnologias de informação, nomeadamente o uso de bases de dados (*data warehouse*), facilita a fidelização dos clientes, na medida em que permite mais facilmente customizar os produtos ou serviços às necessidades específicas de cada cliente. Mas CRM é muito mais do que dispor de uma base de dados sobre os clientes. Um verdadeiro CRM advoga relações *one-to-one* com os clientes e uma efetiva participação dos clientes nas decisões da empresa que lhes dizem respeito.

Os analistas de CRM desenvolvem e analisam bases de dados e usam técnicas sofisticadas de recolha de dados, arquivo e processamento de informação sobre clientes, mercados, produtos e processos (*data mining*) para explorar ao máximo as informações sobre os clientes.

Data warehouse é a centralização num arquivo eletrónico de toda a informação existente na empresa sobre os clientes, com o objetivo de permitir aos gestores disporem, de uma forma integrada, de toda a informação disponível na empresa sobre os seus clientes. O *data mining* pode ajudar na seleção dos clientes alvo (*target customers*) ou identificar segmentos de clientes com comportamentos e necessidades similares. O *data warehouse* e o *data mining* são cruciais para a funcionalidade e eficácia dos sistemas CRM, uma vez que é fundamental, para uma boa gestão da relação com o cliente, a existência de uma base de dados única que integre todas as informações relevantes sobre os clientes (Figura 3.2):

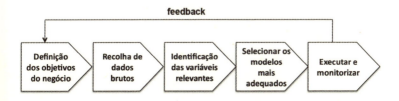

Figura 3.2 Processo de *Data Mining*

O CRM é implementado com recurso a programas informáticos sofisticados e ferramentas analíticas que integram a informação sobre os clientes, analisam os dados e usam os resultados para construir relações fortes com os clientes. A implementação de um programa de gestão da relação com o cliente bem sucedido pressupõe a existência de quatro etapas fundamentais:

1. Qualificação dos clientes atuais com base no seu valor potencial para a empresa.
2. Perceber as necessidades individuais de cada cliente, as preferências sobre os produtos e os seus comportamentos de compra.
3. Criar soluções individualizadas com base nas necessidades individuais de cada cliente e estabelecer relações *one-to-one* para construir e manter relações sustentáveis.

4. Acompanhar todos os aspetos da satisfação do cliente para assegurar que são alcançados elevados níveis de satisfação e lealdade.

As tecnologias CRM podem dividir-se em três categorias:

1. **CRM Operacional** – visa melhorar as operações de *front-office* da empresa, como a automação e melhoria do atendimento e apoio ao cliente, a automação do marketing e da força de vendas, gestão de encomendas e faturação, entre outras funções.
2. **CRM Estratégico** – baseia-se na recolha, tratamento, interpretação, distribuição e arquivo de informação sobre os clientes, recolhida pelas ferramentas do CRM operacional e outras fontes de informação.
3. **CRM Colaborativo** – é como que uma interpenetração de CRM operacional e CRM estratégico. Envolve e prepara as interações entre a empresa e o cliente. Pode ser um portal, uma aplicação de gestão de relações com parceiros, canais de distribuição, entre outros. Com CRM, os clientes deixam de ser apenas compradores mas passam também a ser parceiros integrados no processo de negócio (Nguyen e Mutum, 2012).

Um verdadeiro CRM tem muitos benefícios para a organização e para os clientes, porque ajuda a vender os produtos ou serviços de forma mais eficaz e contribui para aumentar os rendimentos, na medida em que:

- Conhecendo melhor os clientes, é possível proporcionar níveis mais elevados de satisfação do produto

ou serviço e desenvolver relações mais fortes com os clientes.
- Compradores leais tendem a repetir a compra (retenção de clientes) e estão mesmo dispostos a pagar um preço mais elevado.
- Consumidores satisfeitos tendem a comprar outros produtos da organização (*cross-selling*).
- Clientes fidelizados são mais fáceis de servir.
- Clientes satisfeitos fazem publicidade gratuíta dos produtos ou serviços da empresa para outros consumidores.

Os sistemas CRM baseiam-se em bases de dados sobre as necessidades dos clientes e englobam três fases: **captação, retenção e atração de novos clientes**. A captação de novos clientes tem por objetivo aumentar o volume de vendas, a qual, modernamente, pode fazer-se recorrendo a canais digitais, como o comércio eletrónico (*e-commerce*), e--mails, etc. A atração de novos clientes é difícil e dispendiosa, especialmente em mercados em maturidade e altamente competitivos, pelo que a retenção de clientes atuais deve ser uma das prioridades e desafios das organizações.

Evolução e Perspetivas de Crescimento do CRM

Desde que surgiu em meados dos anos 90, o conceito de CRM teve um evolução substancial, que passou por quatro fases de desenvolvimento, desde uma ferramenta de marketing que visava melhorar a qualidade dos serviços prestados ao cliente e o aumento da eficiência das vendas, até um elemento estratégico em todas as decisões de marketing, cujos objectivos são reduzir os custos e aumentar os rendimentos, com vista à criação de vantagem competitiva. O desenvolvimento da internet contribuiu para a sua adopção na generalidade das indústrias.

Da primeira geração do CRM, que tinha uma perspectiva meramente funcional, constavam de dois produtos independentes independentes:

1. **Automação da força de vendas** – estes produtos limitavam-se a desempenhar funções, tais como manter informação sobre os clientes, telemarketing, criar quotas de mercado e colocar ordens de encomenda.
2. **Prestação de serviços e apoio ao cliente** – esta função estava fundamentalmente vocacionada para serviços pós-venda, tais como prestação de informações aos clientes, atendimento telefónico e serviço de apoio. A prestação de apoio ao cliente trabalhava informação específica de clientes de forma isolada relativamente a outros sistemas de informação existentes na empresa.

Dado que se tratava de sistemas fragmentados minimamente integrados com outros sistemas, as aplicações de automação da força de vendas e os sistemas de serviço e apoio ao cliente rapidamente foram abandonados e substituídos por sistemas mais avançados, como o ERP (Entreprise Resource Planning), que é uma ferramenta que tem a capacidade de integrar os subsistemas dos diversos departamentos e funções da empresa num pacote, de acordo com as necessidades de cada departamento. Estávamos na segunda geração do CRM, cuja finalidade era criar uma única interação com os clientes, independentemente do objetivo do contacto, como, por exemplo, o serviço pré-vendas, transação de vendas ou pós-venda, que o contacto seja por telefone, mail ou internet.

Nos inícios do século XXI, as melhores empresas começaram a sentir a necessidade de integra os sistemas front--office com os sitemas, bem como com os sistemas usados pelos sócios e fornecedores, ou seja, integrar os sistemas de toda a organização. Estamos na terceira geração de CRM. As empresas reconheceram que o eventual objetivo do CRM era aumentar os rendimentos e não propriamente controlar os custos.

No finais na primeira década do século XXI dá-se o aparecimento da quarta geração do CRM, que é a era da abordagem estratégica do CRM. O CRM estratégico é largamente aceite e é considerado um elemento essencial da estratéia de marketing e um elevado número de PME começa a adotar o CRM como uma poderosa ferramenta de gestão. A agilidade, a flexibilidade e os baixos custos fixos são a chave do sucesso desta ferramenta de marketing e um ingredienet chave para ganhar de vantagem competitiva, pelas melhorias que induz no controlo de gestão e na redução de custos.

A importância do CRM resultou da evolução da abordagem da **venda transacional** para a **venda relacional**, em que mais do que efetuar uma venda interessa criar e manter relações fidelizadas e duradouras com os clientes. Há cinco fatores adicionais que são responsáveis pela crescente importância do CRM na gestão estratégica das organizações:

1. **Impacto positivo na rendibilidade das empresas de boas relações com os clientes** – o crescente investimento em práticas de CRM tem contribuido

para a existência de boas relações com os clientes e para a criação de valor para a empresa e para os clientes.
2. **Melhoria da eficácia das comunicações de marketing** – a existência de um sistema integrado de comunicações aumenta a eficácia daa atividades de comunicação.
3. **Redução de custos de recolha e armazenagem de dados** – as economias de CRM melhora os custos de recolha e armazenagem de dados, pelo que são um bom investimento.
4. **Medida do valor do cliente** – o investimento em CRM permite avaliar melhor o valor e rendibilidade do cliente.

Resumo do Capítulo

Os avanços e a crescente disponibilidade de tecnologias de informação permitem às empresas recolher e analisar dados sobre o valor do cliente e simultaneamente interagir com os clientes. As rápidas mudanças no meio envolvente em que as empresas operam, tornam necessário o desenvolvimento de novas estratégias de marketing e uma mudança do foco no produto para uma oferta centrada nas necessidades dos clientes. Estas mudanças verificam-se ao nível dos consumidores, dos mercados, da tecnologia e das funções de marketing.

Os consumidores estão cada vez mais informados e mais exigentes e menos fidelizados e mais intolerantes relativamente a serviços de má qualidade. O mercado é caracterizado por uma concorrência cada vez mais intensiva, maior fragmentação e crescentes dificuldades em termos de diferenciação. Estas mudanças têm levado o mercado a tornar-se cada vez mais baseado nas relações e orientado para o cliente.

O desenvolvimento tecnológico tem permitido que a capacidade de armazenamento e tratamento da informação seja cada vez maior e mais barata. Esta situação favorável tem permitido às empresas recolher e tratar informação abundante sobre os clientes, as suas necessidades e as suas preferências, cuja resposta poderá ser dada com a implementação do CRM.

Questões

1. Como define gestão da relação com o cliente (CRM)?
2. O que é a gestão da relação com o cliente? Como pode aumentar o grau de satisfação e lealdade do cliente?
3. O que é valor para o cliente e porque é essencial para a gestão da relação com o cliente?
4. O que faz CRM ser a abordagem preferida de marketing na era moderna da informação?
5. Indique algumas mudanças na envolvente dos negócios que induzem a mudança do marketing orientado para o produto para o marketing orientado para o cliente?
6. Que fatores induzem o desenvolvimento do CRM?

Referências

Baines, P. e Fill, C. (2011), Marketing, 2nd edition, Oxford University Press.

Booms, B. H., & Bitner, M. J. (1981). Marketing Strategies and Organization Structures for Service firms, In Donnelly, J.H. & George, W.R. (eds), Marketing of Services, IL: American Marketing Association, Chicago, 47-51

Dibb, S., Simkin, L., Pride, W. e Ferrel, O. (2006), Marketing Concepts and Strategies, 5th edition, European Edition, Houghton Mifflin, Boston.

Greenberg, P. (2004), CRM at the Speed of Light: Essential Customer Strategies for 21st Century, 3rd edition, McGraw-Hill, Lisboa.

Hooley, G., Saunders, J. e Piercy, N. (2006), Estratégia de Marketing e Posicionamento Competitivo, 3ª edição, Pearson Prentice Hall, São Paulo.

Keegan, W. e Green, M. (2011), Global Marketing, Sixth Edition, Pearson, Education, Upper Sadle River, New Jersey.

Kotler, P. (2007), Os 10 Pecados Mortais do Marketing: Indícios e Soluções, Editora Planeta DeAgostini.

Koler, P. e Keller, K. (2009), Marketing Management, 13th Edition, Pearson International Edition, Upper Sadle River, New Jersey.

Kotler, P. e Armstrong, G. Wong, V. e Saunders, J. (2008), Principles of Marketing, Fifth European Edition, Pearson Education Limited, England.

Kumar, V. e Reinartz, W. (2012), Customer Relationship Management: Concept, Strategy, and Tools, Second Edition, Springer, London.

Lindon, D., Lendrevie, J., Levy, J., Dionísio, P. e Rodrigues, J.V. (2013), Mercator XXI: Teoria e Prática do Marketing, 15ª Edição, Dom Quixote, Lisboa.

Maçães, M.A.R. (2010), Orientação para o Mercado, Aprendizagem Organizacional e Inovação: As Chaves para o Sucesso Empresarial, Coleção Teses, Universidade Lusíada Editora, Lisboa.

Nguyen, B. e Mutum, D. (2012), A Review of Customer Relationship Management: Successes, Advances, Pitfalls and Futures, Business Process Management Journal, Vol. 18 (3), pp. 400-419.

Peppers, D. e Rogers, M. (2011), Managing Customer Relationships: A Strategic Framework, 2nd edition, John Wiley & Sons, Inc., New Jersey.